Bist Du es, Herr?

(„Is That Really You, God?“)

Loren Cunningham
mit Janice Rogers

Dieses Buch ist nicht zum Verkauf bestimmt.

Jugend mit einer Mission e.V.

Originaltitel: Is that really you, God?
Erschienen bei Chosen Books Pub. Co. Ltd.,
Lincoln, Virginia, 22078, USA

Aus dem Englischen übersetzt von Monika Gibbs

Bibelzitate mit freundlicher Genehmigung der Deutschen Bibelstiftung Stuttgart (revidierter Luthertext 1975)

1. Auflage Oktober 1984
2. Auflage Februar 1985

Grafische Gestaltung und Satz: Jugend mit einer Mission e.V.
Druck: Elsnerdruck GmbH, Berlin
ISBN: 3-88076-020-9

VORWORT

„Wie kann ich den Willen Gottes für mein Leben herausfinden?" Dies ist eine der grundlegendsten Fragen, die sich jeder stellen sollte. Sie ist besonders wichtig für junge Menschen, die im Begriff sind, Weichen zu stellen, die das ganze spätere Leben bestimmen. Wir haben die Bibel, die uns Grundsätzliches vermittelt, und wir hören und lesen von Menschen, deren Leben unter göttlicher Führung stand. Aber wie erfahren wir diese Leitung Gottes für uns persönlich?

Billig läßt sich die Antwort auf eine so schwerwiegende Lebensfrage nicht erlangen, aber genau an diesem Punkt versucht „Bist Du es, Herr?" uns Hilfe anzubieten. Loren Cunningham schildert einfach und offen seine eigene Suche. Er erzählt uns von seinem Familienhintergrund und seiner Kindheit, worin uns Europäern eine ungewohnte Geistlichkeit und ein spontanes Handeln von Laien, die plötzlich Gottes Ruf in ihrem Leben entdecken, entgegentritt, was so kennzeichnend für die amerikanische Christenheit ist. Er erzählt weiter von seinen Auseinandersetzungen und Gehorsamsschritten als junger Mann, die ihn langsam, aber sicher in Gottes Ruf hineinführten. Dieser Ruf brachte für ihn Herausforderung, Verantwortung und Abenteuer in solchen Dimensionen, daß seine eigenen Kapazitäten bald erschöpft waren. Doch gerade da offenbarten sich ihm Gottes Größe und Dynamik.

Bei der Erzählung seiner eigenen Geschichte legt Loren Cunningham Kapitel für Kapitel Leitlinien dar, so wie er sie für sich entdeckt hat. Hier löst sich das Buch von der Lebenssituation des Autors und wird zu einem Handbuch für jedermann unter dem Thema „Gottes Führung". Und genau mit dieser Absicht wurde es geschrieben.

Dieses Buch enthält aber auch einen Trost für all diejenigen, die mühsam an der Last ihres eigenen Versagens tragen. Fehler, die andere Menschen verletzten und gute Vorhaben blockierten, ja sogar gravierende Sünden kommen vor und werden nicht verheimlicht. Der Bericht führt uns aber weiter durch Selbstdemütigung und Buße hindurch zu Gottes Vergebung. Wie ermutigend, wenn dann Gottes Gnade darin sichtbar wird, daß es in den beschriebenen Fällen nach einiger Zeit zur Wiederherstellung kommt und Gott seine Vollmacht erneut verleiht.

Loren Cunningham ist Gründer und Leiter der internationalen, interkonfessionellen Missionsgesellschaft „Jugend mit einer Mission", die zunächst im freikirchlichen Raum entstand, nun aber auch zunehmend in eine Zusammenarbeit mit den Großkirchen geführt wird. Dadurch erhielten viele Laienmissionare die Gelegenheit, mit an der Erreichung des großen Missionsziels von Markus 15:16 zu arbeiten: „Gehet hin in alle Welt und predigt das Evangelium der ganzen Schöpfung." Seine Lebensgeschichte ist somit auch die Geschichte der Entstehung von „Jugend mit einer Mission".

Nun befehlen wir dieses Buch allen Lesern mit dem Gebet an, daß sie von der Möglichkeit ergriffen werden, Gott in ähnlicher Weise kennenzulernen. Nicht alle reisen kreuz und quer durch die Welt wie Loren Cunningham, aber möge jeder an seinem Platz, an dem er lebt und arbeitet, Gottes Reden vernehmen und in das Abenteuer der eigenen Lebensberufung hineinwachsen. Und möge er alles dahingeben, um diese zu finden! Aus solchen Menschen kann eine Generation erwachsen, die Heilung für das eigene Land sucht und das Evangelium Gottes bis an die Enden der Erde bringt.

Der Herausgeber

KAPITEL 1

Nicht alles, was glänzt ...

Ich sprang die weite Marmortreppe von Tante Sandras Haus in Palm Beach hinauf, das am Ufer von Lake Worth lag und das meine Tante und Onkel George von einem Mitglied der Vanderbilt Familie erworben hatten. Die Nacht war durch Scheinwerfer zwischen den tropischen Pflanzen und durch den goldenen Lichtschein, der von den hohen Fenstern des Hauses fiel, erleuchtet. Ich läutete an den Doppeltüren. Hawkins, kühl und förmlich wie immer, öffnete den Riegel und führte mich in die marmorne Vorhalle, die mit Standbildern und griechischen Urnen geschmückt war.

„Guten Abend, Master Loren.“ Hawkins nannte mich immer noch *Master Loren,* obwohl ich nun 26 Jahre alt war. „Mrs. Meehan wird Sie in der Bibliothek empfangen.“

„Danke, Hawkins. Du siehst blendend aus.“

Hawkins verbeugte sich leicht, führte mich in die Bibliothek und ging, um meine Tante zu holen. Von allen zwanzig Räumen in Tante Sandras Winterhaus gefiel mir die Bibliothek am besten, mit dem Perserteppich und den vom Boden bis zur Decke reichenden Bücherregalen, alles in weichen Grün- und Brauntönen gehalten. „Du wirst jedoch nie hierher gehören“, flüsterte ich mir selbst zu, als ich mein Bild in einem Spiegel hinter einem der Lehnstühle erblickte. Das Licht fiel von der Seite auf mich, und ich konnte noch immer schattenhaft die Narben von Pickeln erkennen, die von meinen Teenagerjahren zurückgeblieben waren, welche erst kurze Zeit hinter mir lagen. Hätte ich bei Tante Sandra gewohnt, so wie sie es gewünscht hatte, wäre ich zu einem teuren Hautarzt gegangen. Mein dunkelbraunes, gewelltes Haar war nicht von der Sonne gebleicht, wie es bei den Sonnenanbetern hier in Palm Beach gewöhnlich der Fall war. Ich hatte wie Tante Sandra eine schlanke Figur, jedoch nicht aus dem richtigen Grund; ich hatte nämlich auf dieser Reise um die Welt nicht viel gegessen. Mein Blick fiel auf einen riesigen beleuchteten Globus, der neben Onkel Georges ledernem Lieblingssessel stand, und einen kurzen Augenblick lang sah ich von neuem die seltsame Vision, die mich nun schon sechs Jahre seit meinem zwanzigsten Lebensjahr verfolgte. In dieser Vision hatte ich Wellen junger Menschen gesehen, Missionare im Teenageralter oder Anfang der Zwanzig, die an die Küsten aller Erdteile der Welt brandeten ... Diese Vision quälte mich. Wie konnte ich so dreist sein und glauben, sie sei ein Auftrag von Gott? Viele Leute haben „Visionen". Könnte meine Vision wirklich einer jener besonderen Fälle göttlicher Führung sein, die ein großes Werk für Gott in Gang setzen? Falls ich versuchte, dies der vernünftig denkenden Tante Sandra gegenüber anzudeuten, so würde ihr dies mit Sicherheit bedrohlich erscheinen.

Tante Sandra trat ins Zimmer, gefolgt von ihrem Hund Gail. „Willkommen, mein Lieber!" Tante Sandra glitt über den Perserteppich, und ihre ruhige Anmut und Eleganz standen im Gegensatz zu dem Boxer, der auf mich zusprang. Tante Sandra und mein Vater waren in derselben armen Familie eines Wanderpredigers aufgewachsen. Von allen Eigenschaftswörtern, die man hätte gebrauchen können, um ihre Kindheit zu beschreiben, war elegant auf keinen Fall das Zutreffende.

„Es ist wirklich schön, dich wieder hier zu sehen. George wird später heimkommen." Ich wußte, daß Onkel George noch in seinem Club war. George Meehan hatte im Textilgewerbe sein Vermögen erworben, ehe er es sich zur Gewohnheit gemacht hatte, regelmäßig den Sommer in Lake Placid, den Winter in Palm Beach, und den Herbst und Frühling in Providence, Rhode Island, zu verbringen. In einer meiner lebhaften Erinnerungen an Onkel George übte er sich neben seiner Sommervilla im Golfspiel, indem er einen Eimer voll Bälle in den See schlug. Das war Onkel George.

„Loren“, sagte Tante Sandra, „du bist bestimmt müde. Wie wäre es mit einem kleinen Imbiß, bevor du schlafen gehst?“ Meine Schwäche für die Delikatessen ihres Kochs war wohlbekannt. Ein Dienstmädchen brachte das Essen herein, und während ich mit großem Appetit aß und Tante Sandra etwas knabberte, erzählte ich ihr von meiner Erkundungsreise um die Welt. Diese Reise sollte mir dabei helfen, die Bedeutung jener seltsamen Vision von jungen Missionaren besser zu verstehen. Tante Sandra war nicht sehr interessiert. Sie hatte sich während ihrer Kindheit so radikal vom Christentum abgewandt, daß sie es jetzt hinter sich lassen wollte. Sie hörte meiner Geschichte zerstreut zu; als ich jedoch eine Pause machte, schaltete sie sich plötzlich ein.

„Ich freue mich für dich, Loren“, sagte sie und erhob sich. „Es ist gut für junge Menschen, sich diese Dinge von der Seele zu sprechen. Es gibt *viel* zu erzählen, aber du hast heute eine lange Reise hinter dir. Wir können morgen weiterreden.“

Als ich mich in das obere Geschoß begab, wo das große Schlafzimmer lag, das mein Zimmer geworden war, wußte ich sehr wohl, worüber Tante Sandra mit mir reden wollte: über ein großzügiges Angebot von Onkel George. Seltsamerweise freute ich mich nicht darauf. Ich schlüpfte zwischen die sorgfältig zurückgefalteten Bettücher und blieb still liegen. Allerlei Gedanken plagten mich, während die blauen Schatten des Mondes durch das Zimmer kreisten. Morgen würde ich meiner Tante sagen müssen, daß der Herr zu mir geredet hatte. Ich verschränkte die

Arme hinter dem Kopf und starrte zur dunklen Zimmerdecke hinauf. Wie erklärt man jemandem, der durch derartige Äußerungen bereits verletzt worden war, daß man die Stimme Gottes gehört hat? Ehe ich versuchte, dies meiner Tante zu erklären, war es unbedingt erforderlich, daß ich die Führung Gottes mit einem wirklich völlig ehrlichen Blick betrachtete — einschließlich der Aspekte, die Tante Sandra als abstoßend empfunden hatte.

Das Hören der Stimme Gottes hatte mich und meine Familie mehr als einmal zu Wendepunkten geführt, die unser Leben veränderten. Mein Großvater väterlicherseits war Inhaber eines erfolgreichen Wäschereigeschäfts in Uvalde, Texas, gewesen und hatte ein angenehmes Leben geführt, als er, wie er es nannte, den „Ruf" zum Predigen erhielt. Er bot sein Geschäft zum Verkauf an. „Du bist ein Narr, ich sage es dir ganz offen", sagte der Bruder meines Großvaters, worauf Großvater erwiderte: „Wenn ich Gott richtig höre und ihm nicht gehorche, dann wäre ich ein Narr."

Was dann geschah, hat mich schon immer gefesselt. Zuerst gehorchte Großvater seiner Berufung, indem er das Predigen neben seinem Beruf betrieb; er nahm eine Reihe von Arbeiten in verschiedenen Städten in Texas an und predigte an den Wochenenden. Dann passierte ein Unglück. Er und seine Familie lebten 1916 in San Antonio, als eine Pockenepidemie ausbrach. Seine Frau und seine beiden Söhne (es waren zwei Jungen und drei Mädchen in der Familie) wurden von dieser schrecklichen Seuche ergriffen. Großvater ging ins Krankenhaus und lebte dort mit seiner kranken Frau und seinen beiden Jungen in der Abteilung für ansteckende Krankheiten.

Zwei Wochen lang hielt Großvater Cunningham die Krankenwache am Bett seiner Frau und seiner Söhne. Schließlich schien die Krankheit nachzulassen. Großvater ließ den drei Mädchen die Nachricht übermitteln, alles sauberzumachen, da sie bald zusammen nach Hause kommen würden.

Aber dann veränderte sich der Zustand seiner Frau mit erschreckender Schnelligkeit. Alle mußten hilflos zuschauen, wie sie kämpfte und schwächer wurde und schließlich den letzen Atemzug tat. Die örtlichen Behörden bestanden darauf, Großmutter sofort, direkt vom Krankenhaus aus, zu begraben. Einige Stunden später fuhren Großvater und die beiden Jungen weinend und niedergeschlagen zusammen in demselben Krankenwagen nach Hause, der die Großmutter hatte heimbringen sollen. Die drei Mädchen liefen dem Wagen frohgestimmt entgegen.

„Wo ist die Mutter?“ fragten sie. Als Großvater es ihnen sagte, schrie Arnette, das älteste Mädchen, auf und rannte ins Haus. Die jüngeren Mädchen, Gertrude und Sandra, hielten einander fest und weinten. Aber der Schrecken hatte noch kein Ende. Am selben Tag kamen Leute vom Gesundheitsamt zu Großvaters Haus und erklärten, daß die Matratzen und die Kleidung in den Hof getragen und verbrannt werden müßten. An einem Tag verloren Großvater und seine Familie alles; nur einander verloren sie nicht. Aber in einem gewissen Sinn verloren sie sogar einander, nämlich aufgrund dessen, was dann geschah.

So unglaublich es auch schien, Großvater Cunningham verkündigte kurze Zeit nach dem großen Unglück, er werde nun beginnen, vollzeitig in den Predigerdienst zu treten. Und dies ist der Teil von Großvaters Geschichte, der Tante Sandra so viel Kummer bereitete. Die Stimme Gottes zu hören ist im Grunde genommen nicht sehr schwierig. Wenn wir den Herrn kennengelernt haben, haben wir bereits seine Stimme gehört — es war ja zunächst seine Leitung, die uns zu ihm geführt hat. Aber wir können auch seine Stimme einmal hören und dennoch sein Bestes für uns versäumen, wenn wir nicht weiterhin auf ihn hören. Auf das *Was* der göttlichen Führung folgt das *Wann* und das *Wie*. Großvater gehorchte dem Was seiner Berufung — das Evangelium zu predigen —, er suchte jedoch keine weitere Führung in bezug auf die Art und Weise, wie er dies tun sollte. Hätte er dies getan, so wären die nachfolgenden Konflikte für die Betroffenen viel weniger schmerzhaft gewesen.

Großvater sah sich selbst als reisender Prediger und Evangelist. Er konnte jedoch nicht fünf Kinder mit auf die Reise nehmen, und deshalb brachte er sie bei verschiedenen Familien unter — zuerst bei Verwandten, später bei befreundeten Bauern, die sie wegen der Hausarbeit, die sie verrichten konnten, annahmen. In jenen Tagen glaubte man, daß ein Kind gut versorgt war, wenn es ein Dach über dem Kopf hatte und drei Mahlzeiten am Tag bekam. Großvaters fünf Kinder reagierten sehr verschieden auf seinen Entschluß. Zwei von ihnen reagierten im Verlauf der Jahre mehr oder weniger neutral. Meine Tanten Sandra und Arnette hingegen gaben dem, was sie als Großvaters törichte Berufung ansahen, die Schuld für ihre schwere, zerrissene Kindheit. Sie beschlossen, daß sie mit dieser Art von Christentum nichts zu tun haben wollten. Sobald sie alt genug waren, gingen sie ihre eigenen Wege und stiegen ins Geschäftsleben ein mit dem Ziel, so viel Geld wie nur möglich zu verdienen. Das war ihre Reaktion auf den Verlust von Mutter und Zuhause. Und es gelang ihnen auch. Tante Arnette erreichte viel, aber Tante Sandra hatte außergewöhnlichen Erfolg — sie lebte am Ende in drei großen Häusern.

Und mein eigener Vater, Tom, der ältere der beiden Jungen?

So unglaublich es scheint, selbst nach einer harten Jugend bei neun verschiedenen Pflegeeltern verargte mein Vater es dem Großvater nie, daß er der Berufung zu predigen gefolgt war. In der Tat, als er siebzehn war, wußte Vater, daß auch er eine Berufung hatte. Er begann, zusammen mit Großvater umherzureisen, und sie hielten überall im Südwesten der Vereinigten Staaten Erweckungsversammlungen ab.

Auf seinen Entschluß folgte — wie es wohl gewöhnlich der Fall ist — eine Herausforderung. Vater erhielt einen der seltenen Briefe von seiner ältesten Schwester Arnette, die in Miami lebte.

Mein Vater öffnete den Briefumschlag und entnahm ihm einen Briefbogen mit Arnettes eckiger Schrift. Wenn er das Gymnasium abschlösse, schrieb Arnette, würde sie seine Hochschulausbildung bezahlen, so daß er den Ingenieurgrad erwerben könnte. Es war eine großartige Gelegenheit. Vater wußte jedoch auch, daß er sich von seiner Berufung entfernen würde. Er dankte Arnette, teilte ihr jedoch mit, er könne ihr Angebot nicht annehmen.

Arnette reagierte schnell und gefühllos. „Wenn du wie ein Vagabund durchs Leben ziehen, Religion als Vorwand nehmen und von Almosen leben willst", schrieb sie, „so ist es aus zwischen dir und mir!"

Die Worte stachen meinen Vater ins Herz, denn sie schienen zuzutreffen, besonders als er begann, Großvater bei seinen Versammlungen zu helfen. Großvater schlug sich nie zu einem Platz an der Sonne durch. Er wollte den um ihren Lebensunterhalt kämpfenden, unterprivilegierten Schichten helfen, und oft war das einzige, was sie als Bezahlung geben konnten, in Dosen eingemachte Lebensmittel, frisches Obst und Gemüse oder gelegentlich ein Hühnchen. An einem Ort aßen Großvater und Vater zwei Wochen lang dreimal am Tag gedünstete Äpfel, ungezuckert und ungewürzt.

Nach drei Jahren magerer Kost hatte Vater genug. Er war neunzehn, und obwohl er immer noch glaubte, daß er zum Predigen berufen war, wollte er eine Weile warten. Er verließ Großvater und fand eine gute Arbeitsstelle in Oklahoma City bei einer Baufirma und arbeitete beim Bau des neuen Biltmore Hotels.

Als er eines Tages hoch oben auf einem 15 cm breiten

Träger des 24. Stockwerks saß, sah er, wie der riesige Kran eine Ladung Bauholz heraufbrachte. Plötzlich drehte sich die Ladung seitwärts und kam direkt auf ihn zu. Er klammerte sich fest, als die Ladung ihn traf, und baumelte im nächsten Augenblick im freien Raum. Er hielt sich verzweifelt fest, während andere Arbeiter schrien und ihm laut zuriefen. Als er wieder auf festem Boden stand, hatte Vater bereits einen festen Entschluß gefaßt: er kündigte sein Arbeitsverhältnis, fuhr zurück zu Großvater und schloß sich ihm wieder im Predigtdienst auf der Straße an.

Nie vergaß er die nahe Begegnung mit dem Tod. Er hatte von neuem eine Chance erhalten, und diesmal war er entschlossen, Gottes Stimme *sofort* zu gehorchen, nicht zu irgendeinem zukünftigen Zeitpunkt, wenn er mehr Lust dazu hätte.

KAPITEL 2

Familienerbe

Wenn mein Vater, Tom Cunningham, mit seinem eckigen Gesicht und gewelltem schwarzen Haar in Großvaters Versammlungen seine Gitarre spielte, fiel es ihm nicht schwer, auf junge Mädchen anziehend zu wirken.

Es gab jedoch eine Ausnahme.

Mein Vater und mein Großvater befanden sich eines Tages in einer kleinen Stadt in Oklahoma, wo eine andere Familie reisender Evangelisten ebenfalls Versammlungen abhielt. Die Geschichte der Familie Nicholson war sehr abwechslungsreich. Der scharfsinnige Vater, Rufus Nicholson, war ein Kollektivfarmer in Oklahoma, als er im Alter von 40 Jahren seine gelegentlichen harten Trinktouren einstellte, dem Ruf Jesu folgte, seine Familie in einen Planwagen packte und zu predigen begann. Als Jewell, das dritte von fünf Kindern in der Familie Nicholson, zwölf Jahre alt war, betete sie an einem Sommernachmittag am Ufer eines kleinen Flusses. Plötzlich hörte sie, wie Gott mit deutlicher Stimme zu ihr sprach. Es überraschte Jewell nicht, daß Gott zu ihr sprach. Gläubige, die zu ihren Freiversammlungen kamen, bezeugten regelmäßig solche Erfahrungen. Nun sprach Gott zu ihr: „Du sollst mein Evangelium verkündigen." Als Jewell siebzehn war, war sie bereits eine anerkannte Predigerin in der Familie Nicholson.

Als Tom Cunningham Jewell Nicholson traf, war er von dem schlanken Mädchen mit den lebhaften Augen und der direkten Art fasziniert. Er machte ihr den Hof, aber Jewell war so sehr mit ihrer eigenen Berufung beschäftigt, daß sie ihm kaum Beachtung schenkte. Er verehrte sie jedoch monatelang so beharrlich, daß Jewell sich schließlich für ihn zu interessieren begann. Dann machte er ihr einen Heiratsantrag, und sie wurden bei einer einfachen Feier in Yellville, Arkansas, getraut. Tom mußte sich die drei Dollar für die Heiratsurkunde borgen.

Mein Vater und meine Mutter begannen nun als Neuverheiratete von Stadt zu Stadt zu reisen und auf den Straßen oder in provisorischen Hütten zu predigen, die aus Pfählen bestanden und mit Zweigen überdeckt waren und deswegen von den Leuten als „Laubhütten" bezeichnet wurden.

Dies waren magere Zeiten. Ihr ganzer Besitz bestand aus einem acht Jahre alten Chevy, ein paar Musikinstrumenten, einigen Kleidungsstücken und natürlich ihrer Bibel. Sie waren völlig überzeugt, daß sie mit dieser Ausrüstung das Werk Gottes tun könnten, und zwar auf wirksame Weise.

Dies bedeutete natürlich, daß sie Gottes Stimme deutlich hören mußten. Mein Vater und meine Mutter redeten viel über Gottes Führung. Sie waren mit der „inneren Stimme" vertraut, die zuweilen sogar physisch hörbar war, zu anderen Zeiten aber mehr ein Eindruck war, der sich dem Verstand einprägte. Sie waren auch damit vertraut, Gott durch die Heilige Schrift zu vernehmen, oder auch durch Träume und Visionen. Der Zweck göttlicher Führung, so sagte mein Vater immer wieder, sei, daß Menschen von Jesus Christus erfahren. „Wir erfüllen ein dringliches Gebot, das Jesus selbst gab", sagte Vater, wenn er und Mutter über die göttliche Führung sprachen, die sie suchten. „Der große Missionsbefehl, das ist der Schlüssel. 'Geht hin in alle Welt und predigt das Evangelium.'" Wenn Gott in der Tat Menschen mit der Aufgabe betraut, überall hinzugehen und anderen die Gute Nachricht zu verkündigen, dann wird er sie darin sicherlich auch führen.

Meine Eltern gingen überall hin, wo sie glaubten, daß Gott sie hinsandte. Sie erlebten dabei Schneestürme und eiskalten Regen, und der Kofferraum ihres Autos war ihr Zuhause. Sie lebten von dem, was die jeweilige Gemeinde zu geben bereit war, oder von den Geldmünzen, welche die Leute in einen Behälter warfen, der zu ihren Füßen stand, wenn sie auf der Straße predigten. Aber ihr niedriges Einkommen war von geringer Bedeutung, denn die ganze Zeit über lernten sie, die Stimme Gottes zu hören und ihr zu gehorchen.

Mit diesem Abenteuersinn hinsichtlich Gottes Führung gelang es ihnen, drei Gemeinschaften zu gründen, die heute alle noch bestehen.

In der Zwischenzeit begannen mein Vater und meine Mutter eine Familie zu gründen. Meine Schwester Phyllis wurde 1933 geboren. Zwei Jahre später wurde ich in Taft, Kalifornien, geboren, aber meine frühesten Erinnerungen gehen auf eine staubige Stadt in der Wüste Arizonas zurück und auf ein zeltartiges Haus, fünf Meter im Quadrat, mit Kisten als Möbel. Ich hatte niemals den Eindruck, mir werde etwas versagt; ich wuchs vielmehr mit dem Gefühl auf, privilegiert zu sein.

Meine Eltern bauten eine Kirche für eine Gruppe von sechzig Gemeindemitgliedern, und sie formten eigenhändig die Ziegelsteine, die sie in der Sonne trockneten. Sie zogen uns zu diesen Arbeiten mit heran und brachten uns bei, auf Gottes Stimme zu hören. Ich machte darin schon sehr früh, im Alter von sechs Jahren, eine persönliche Erfahrung; ich hörte, wie Gott nach einem Sonntagabendgottesdienst zu mir sprach und wußte von da ab, daß ich zu ihm gehörte. Was mir jedoch viel bedeutete, war, Gottes Stimme in den *täglichen* Ereignissen — von Montag bis Samstag — zu hören. Eines dieser Ereignisse fand statt, als ich neun Jahre alt war und wir in Covina, Kalifornien, lebten — einem kleinen Ort voller Orangenbäume, 55 Kilometer östlich von Los Angeles.

Es war schon fast Zeit zum Abendessen, als ich eines Abends ins Haus gerannt kam und die Außentür laut hinter mir zufallen ließ. Meine Schwester Phyllis, die elf Jahre alt war, legte schnell den Finger auf den Mund und erinnerte mich auf diese Weise, daß unsere neue kleine Schwester Janice im Nebenzimmer schlief. Ich ging in die Küche, wo meine Mutter gerade ein Maisbrot aus dem Ofen nahm. Ich hob den Deckel von einem großen Topf auf dem Herd und zog den angenehmen Duft von roten Bohnen und gepökeltem Schweinefleisch durch die Nase ein.

„Loren, wir haben keine Milch mehr. Könntest du zu dem Laden der Witwe hinübergehen und etwas Milch kaufen?" Meine Mutter hatte kein Kleingeld, nur einen Fünfdollarschein. „Sei aber vorsichtig damit! Das ist unser Haushaltsgeld für die ganze Woche."

Ich steckte den Schein in die Tasche meiner Jeans, pfiff meinem kleinen braunen Hund Teddy und lief in Richtung auf den Laden der Witwe los. Es dauerte eine Weile, ehe ich dort ankam. Ich stieß eine Blechdose mit den Füßen vor mir her, und ich blieb ein- oder zweimal stehen, um einen Flaschendeckel zu untersuchen und einen Stock aufzuheben, den ich an den Nachbarzäunen entlangklappern ließ.

Ich rannte die Stufen zum Laden der Witwe hinauf, welcher sich in einem ehemaligen Wohnzimmer befand, nahm zwei Flaschen Milch und ging zur Theke, wo die Witwe mit Bleistift und Schreibblock in der Hand wartete, um meine Ware abzurechnen. Als ich jedoch in meine Tasche griff, um den Geldschein herauszuziehen, blieb mir das Herz stehen. Er war weg. Ich kramte in meiner linken Tasche, in den hinteren Taschen, in meiner Hemdtasche.

„Ich habe das Geld verloren!" jammerte ich. Ich ließ die Milch stehen und rannte denselben Weg zurück, den ich gekommen war, während Teddy atemlos hinter mir herkeuchte, und suchte angestrengt überall dort, wo ich stehengeblieben war. Es hatte keinen Zweck. Ich konnte den Schein nirgends finden. Es blieb mir nichts anderes übrig, als zurück nach Hause zu gehen und meiner Mutter zu sagen, daß ich ihr Geld verloren hatte.

Meine Mutter war immer noch in der Küche, als ich durch die Hintertür eintrat und sie ganz leise hinter mir schloß. Mutter wußte sogleich, daß etwas nicht stimmte. Ihr Gesicht verfinsterte sich, als ich ihr sagte, was mir passiert war — es war ein großer Verlust für uns — aber ihr Gesichtsausdruck hellte sich gleich wieder auf.

„Komm, mein Sohn, wir wollen beten. Wir wollen Gott bitten, uns zu zeigen, wo das Geld ist."

Sie stand einfach in der Küche da, legte ihre Hand auf meine schlanke Schulter und redete mit Gott. „Herr, Du weißt genau, wo dieser Fünfdollarschein sich versteckt. Wir bitten Dich nun, es uns zu zeigen. Bitte, sprich zu uns, denn Du weißt, daß wir das Geld brauchen, um die Familie zu ernähren."

Mutter stand still und wartete mit geschlossenen Augen. Der Topfdeckel auf den leise kochenden Bohnen klapperte vor sich hin.

Plötzlich wurde Mutters Griff um meine Schulter fester. „Loren", sagte sie mit gedämpfter Stimme, „Gott hat mir gezeigt, daß das Geld unter einem Busch liegt." Sie schlüpfte schnell zur Tür hinaus, und ich rannte hinter ihr her.

Es dämmerte schon langsam, als wir den Weg zum Laden zurückverfolgten und dabei jeden Busch und jede Hecke genau untersuchten. Es war schon fast zu dunkel, um sehen zu können, als Mutter stehenblieb und auf einen dicken immergrünen Busch weiter unten an der Straße deutete. „Komm, wir versuchen den Busch dort!" sagte sie aufgeregt und rannte direkt darauf zu. Wir schauten unter den Busch und da, ganz hinten am Fuß des niederen

Stammes, lag der Fünfdollarschein.

Wir tranken an jenem Abend große Gläser kalter Milch mit unseren Bohnen und Maisbrot, während meine Mutter und ich Phyllis und meinem Vater (und dem Baby) erzählten, wie Gott sich an jenem Tag unser angenommen hatte. Wir sahen diese Erfahrungen in unserer Familie nicht als eine Art Lernschule des Vertrauens auf Gott an, aber genau das waren sie.

An einem Morgen im Februar, drei Monate nach der Erfahrung mit dem verlorenen Haushaltsgeld, lernten wir Kinder ein weiteres Prinzip, das in unserem Leben eine beständige Rolle spielen sollte. Wir saßen am Frühstückstisch, als mein Vater verkündete, daß er für einige Tage verreisen müsse. Er gab mir Anweisung, denn ich war nun zehn Jahre alt, mich während seiner Abwesenheit um die Familie zu kümmern. „Ich werde in Springfield, Missouri, sein. Das liegt in der anderen Hälfte des Landes, aber durch das Telefon werden wir in Kontakt bleiben."

Und über das Telefon erreichte uns die schlechte Nachricht. Vater war an einer Blinddarmentzündung erkrankt. Man konnte ihn nicht operieren, denn er hatte zudem eine Bauchfellentzündung, und aufgrund der Versorgungsknappheit während des Krieges gab es kein Penizillin. Es war nur eine Frage der Zeit, wann er sterben würde.

Mutter hängte den Hörer wieder ein und verkündete, daß wir beten müßten — und zwar inbrünstig. Ich kroch hinter die Couch und blieb dort und betete stundenlang. Es vergingen zwei Tage, und Vaters Zustand blieb unverändert. Wir mußten etwas von Gott hören — ein Wort, das uns half, im Gebet durchzuhalten. Dann geschah ein Ereignis, das ich niemals vergessen werde.

Drei Tage nachdem wir von Vaters Krankheit gehört hatten, klopfte jemand an unserer Tür. Ich sah, wie Mutter die Tür öffnete und das kalte Licht des Februarmorgens hereinströmte. Draußen stand ein Mann aus der Gemeinde. Mit seinen verzerrten Gesichtszügen und traurigen Augen erinnerte er mich an einen Leichenbestatter, den ich einmal gesehen hatte. Er sah ernsthafter als gewöhnlich aus, wie er so dastand und seinen Filzhut in der Hand hin- und herdrehte, und es schien, als ob es ihm schwerfiele, das zu sagen, was er auf dem Herzen hatte.

„Was gibt's?" fragte meine Mutter, die nie schüchtern war.

„Schwester Cunningham", stieß der hagere Mann schließlich hervor, „Gott gab mir einen Traum, in dem ich sah, wie Ihr Mann in einem Sarg nach Hause kam!"

Ich war sprachlos. Ich beobachtete das Gesicht meiner Mutter. Sie dachte einen Augenblick lang nach und sagte dann in freundlichem aber entschiedenem Ton: „Mein Herr, ich danke Ihnen, daß Sie gekommen sind, um mir dies mitzuteilen. Ich verspreche Ihnen, so schwer es auch ist, Gott zu fragen, ob der Traum wirklich von ihm ist. Wenn er wirklich zutreffend ist, so wird er es mir doch selbst sagen, oder nicht?"

Es war mehr eine Aussage als eine Frage, und damit dankte Mutter dem Mann nochmals und öffnete ihm die Tür. Dann begann sie zu beten. „Bist Du das, Gott? Ich verspreche Dir, ich will versuchen, die Worte dieses Mannes zu akzeptieren, wenn sie wirklich von Dir sind. Laß es mich nur wissen, das ist alles, worum ich bitte."

Meine Mutter hatte ein solch gläubiges Verhältnis zu ihrem himmlischen Vater, daß sie voll darauf vertraute, er würde ihr auf eine solch wichtige Frage in väterlicher Art antworten und jeden Zweifel beseitigen. Sie ließ es in Gottes Hand und ging zu Bett.

Als wir am nächsten Morgen beim Frühstück saßen und der dampfende Haferflockenbrei vor uns stand, setzte meine Mutter Jannie in ihren Kinderstuhl und verkündete dann, sie habe eine gute Nachricht für uns. „Ich hatte heute nacht einen Traum", sagte sie zu Phyllis und mir.

Wir verstummten. „Und?“

„In meinem Traum kam unser Vater nach Hause, jedoch mit dem Zug, und er hatte seinen Schlafanzug an!“

Und genau so geschah es auch. Wir erhielten Nachricht, daß Vater sich erholt habe und nach Kalifornien zurückkommen wolle. Er hatte Schwierigkeiten, seine Reise zu buchen, da das Militär in der Kriegszeit vorrangig behandelt wurde; aber mit Hilfe von Freunden gelang es ihm, einen Platz in einem Schlafwagen zu bekommen. Und so kam unser Vater genau so an, wie Mutter es gesagt hatte, mit dem Zug und in seinem Schlafanzug. Am Bahnhof zog er ein Paar Hosen über die Schlafanzughose. Wir müssen toll ausgesehen haben, wie wir so den Bahnsteig entlanggingen und unseren noch schwachen, wankenden Vater stützten, der in seinen Hauspantoffeln neben uns herschlurfte. Vater machte sich nichts daraus. Und wir auch nicht. Er war wieder daheim!

Später wies unsere Mutter auf einen wichtigen Aspekt göttlicher Führung hin. „Gottes Führung durch einen *anderen* Menschen zu erhalten ist eine heikle Sache“, sagte sie. „Wir können durch einen anderen Menschen eine Bestätigung erhalten. Aber wenn Gott uns etwas Wichtiges zu sagen hat, dann redet er direkt zu uns.“

Mit dieser Art von Familienerbe war es nicht verwunderlich, daß auch ich die gleiche Berufung fühlte, „in alle Welt zu gehen und das Evangelium zu predigen.“ Eine Berufung, die — wie es sich zeigen sollte — all mein Wissen über göttliche Führung, das ich besaß, erforderte.

KAPITEL 3

Das kleine Mädchen, das unser Leben veränderte

Oft erhalten wir erst im Rückblick einen flüchtigen Einblick in Gottes sanften Humor durch die Art und Weise, wie er uns führt. Ich hatte zum Beispiel keine Ahnung, daß die zehnminütige, steife, mangelhafte Predigt eines Teenagers in den darauffolgenden Jahren das Thema meines eigenen Lebens werden würde.

Jene unbeholfene Predigt war meine eigene.

Ich war dreizehn Jahre alt, als wir von unserem neuen Heim im westlichen Los Angeles aus nach Springdale, Arkansas, zu einem Familientreffen mit den Verwandten meiner Mutter reisten.

Mein Vater konnte nur ein paar Tage bleiben. Aber meine Mutter blieb länger. Sie und mein Vater waren inzwischen beide zu Predigern bei den Assemblies of God* ordiniert worden, und mein Onkel hatte sie gebeten, für die Jugendlichen in seiner Gemeinde Erweckungsversammlungen abzuhalten. (Alle außer einem der Verwandten meiner Mutter waren Prediger.)

Eines Abends kniete ich nach der Predigt meiner Mutter am einfachen hölzernen Altargitter im vorderen Bereich der Kirche meines Onkels nieder. Plötzlich hatte ich das Gefühl, als befände ich mich nicht auf der Erde, sondern irgendwo draußen im Himmel. Vor meinen Augen standen in großen Buchstaben die folgenden Worte: GEHT HIN IN ALLE WELT UND PREDIGT DAS EVANGELIUM DER GANZEN SCHÖPFUNG. Der

**Anmerkung des Herausgebers: Die „Assemblies of God" ist eine amerikanische Pfingstkirche. Manche pfingstliche Denominationen ordinieren auch Frauen zu Predigern, wie sie häufig ihre Gemeindepastoren nennen.*

große Missionsbefehl von Markus 16,15! Ich öffnete meine Augen, aber die Worte waren immer noch da. Ich schloß sie wieder, und die brennenden Worte blieben stehen.

Es bestand für mich kein Zweifel, daß ich zum Predigen berufen wurde. Vielleicht sogar dazu, ein Missionar zu sein, denn die Worte vor meinen Augen sagten, in „alle Welt“ zu gehen.

Ich erhob mich von meinen Knien und ging an den anderen betenden Gläubigen vorbei am Altar entlang zu meiner Mutter. Ich kniete neben ihr nieder und flüsterte ihr zu, was geschehen war. Meine Mutter schaute mich mit lachendem Gesicht an und umarmte mich. Sie sagte nicht viel an jenem Abend, und erst am nächsten Tag zeigte sie ihre wirklichen Gefühle.

„Komm, mein Sohn, geh' mit mir in die Stadt“, sagte meine Mutter auf ihre gewohnte direkte Art. Wir gingen ins Zentrum von Springdale und kamen zum Schuhgeschäft. „Dieser junge Mann hier möchte ein Paar Ihrer besten Schuhe sehen“, erklärte meine Mutter. Ich sah sie erstaunt an. Meine Schuhe waren noch brauchbar. Ich trug sie zur Schule und zur Kirche, aber niemals zum Spielen mit meinen Cousins; wir gingen barfuß, sooft wir dazu Gelegenheit hatten. Meine Mutter schaute mir in die Augen und lächelte. „Wir wollen feiern, Loren. Eine kleine Aufmerksamkeit, um zu zeigen, wie sehr dein Vater und ich mit der Bibel übereinstimmen, wenn es heißt, 'Wie lieblich sind die Füße der Freudenboten, die gute Nachricht verkündigen.'“

Meine Familie war hocherfreut, als sie die Neuigkeit hörte. „Wenn du wirklich predigen willst“, sagte Mutter, „so ist jetzt die beste Zeit, dich darin zu üben!“ Mein Onkel stimmte ihr zu, und sie beschlossen, ich sollte am folgenden Donnerstag Mutters Platz bei der Abendversammlung einnehmen.

Der Gedanke, auf die Kanzel zu gehen und zu den

sonnengebräunten und zerfurchten Gesichtern dieser Farmer von Arkansas zu sprechen, erfüllte mich mit dem Wunsch, mein Allerbestes zu geben. Ich begann, über diese Predigt zu beten. Tagelang bat ich Gott, mir dabei zu helfen, genau den richtigen Text zu finden. Es kam mir der Gedanke: „Predige über die Versuchungen Christi in der Wüste“ — ein Thema, das für mich in meinen eigenen abenteuerlichen Erfahrungen mit der Führung Gottes eine sehr große Rolle spielen sollte.

Ich fühlte mich ein wenig unsicher bei dem Gedanken, vor Erwachsenen zu stehen und über das Thema: Versuchung zu predigen. Ich kannte nur die Versuchungen eines Dreizehnjährigen. Sie sind wohl für den einzelnen sehr verschieden, was für alle Versuchungen gilt. Ja, ich hatte die normalen sexuellen Erregungen jedes jungen Teenagers erfahren, aber sie waren nicht unüberwindbar. Und ich hatte meinen Teil an Erfahrungen mit anderen Jungen an der Straßenecke, die mich zum Rauchen verführen wollten; aber das erschien mir einfach dumm, und ich sagte ihnen dies auch, und daraufhin ließen sie mich in Ruhe.

Nein, als ich während der ganzen Woche vor meiner ersten Predigt betete, wußte ich, daß die „anderen Stimmen“, die versuchten, mich wegzulocken, viel heimtückischer waren, wie etwa das Verlangen, mit den anderen Jungen Schritt zu halten. Und nicht nur mit ihnen Schritt zu halten, sondern sie sogar zu übertreffen. Andere zu übertreffen ist an sich nichts Schlechtes, aber wenn dieses Verlangen überhand nimmt, dann ist es eine Versuchung.

Und der Wunsch, mit den anderen Schritt zu halten, bewegte mich in der Tat dazu, Dinge zu tun, die ich normalerweise nicht tat. Wie etwa mit meinem Fahrrad auf der weißen Mittellinie des sechsspurigen Olympic Boulevard entlangzufahren, während die Autos nur zentimeterweit entfernt an mir und meinen Kameraden vorbeisausten und wir gegenseitig auf neue Tollkühnheiten der anderen eingingen. Und es gab noch andre Dinge, die ich tun mußte — mein hellbraunes Haar mußte auf der Seite gescheitelt sein, genau richtig über die Stirn fallen und mit viel Haarcreme nach hinten geklebt werden. Meine Jeans mußten unten aufgekrempelt werden, die Ärmel meiner Gabardinehemden mußten genau einmal aufgerollt sein, und meine Füße waren mit den Chippewa-Stiefeln bekleidet, die von meinen Freunden so geschätzt wurden — meine eigenen Stiefel hatte ich mit dem Geld erworben, das ich beim Zeitungsaustragen verdient hatte. Aber was sagte Gott über all diese Dinge zu mir? War es ihm wichtig, daß ich auf der Mittellinie verkehrsreicher Straßen mit meinem Fahrrad entlangfuhr oder daß ich Haarcreme benutzte und Chippewa-Stiefel trug? Möglicherweise würde es ihm dann wichtig werden, wenn das Verlangen, meinen Altersgefährten zu imponieren, zu einem Problem für mich würde, wenn ich meinen eigenen geistlichen Dienst beginnen wollte.

Das war also das Thema meiner Predigt — Prüfungen. Sie dauerte genau zehn Minuten, und meine Mutter mußte sich noch schnell etwas einfallen lassen, um die ungenützte Zeit auszufüllen. Die geduldigen Farmer waren so freundlich, mir zu meiner Predigt zu gratulieren, aber ich habe den Verdacht, daß sie an jenem Abend, als sie nach Hause kamen, bekennen mußten, es mit der Wahrheit nicht so genau genommen zu haben. Die Hauptsache war, daß ich durch jene Erfahrung etwas erkannt hatte, das möglicherweise ein echtes Problem werden konnte. Was bedeutete es mir, „dazu zu gehören"? Welches Gewicht maß ich der Meinung anderer Leute bei, besonders dann, wenn es sich um Menschen handelte, die ich respektierte? Diese anderen Meinungen würden vielleicht eines Tages eine echte Prüfung für mich darstellen.

Wir waren im Begriff, mit dem braunhäutigen Mädchen bekannt gemacht zu werden, das unser Leben verändern sollte.

Offen gestanden, ich war nicht sehr aufmerksam beim Gottesdienst an jenem Morgen kurz vor meinem fünfzehnten Geburtstag. Ich saß auf dem hölzernen Theaterstuhl im Versammlungsraum unserer Gemeinde im westlichen Los Angeles und hörte der Predigt meines Vaters zu. Meine Gedanken waren jedoch meilenweit entfernt —auf dem Ausstellungsplatz eines bestimmten Gebrauchtwagenhändlers. Ich hatte seit Monaten mein Geld vom Zeitungsaustragen zusammengespart, um ein Auto zu kaufen. Nicht irgendein Auto — nein, es mußte ein Chevy, Baujahr 39, sein. Ich wollte es metallblau lackieren, die Chromteile abnehmen und das hintere Teil tieferlegen, genauso wie es gerade alle taten.

Plötzlich erregte etwas im Ton von Vaters Stimme meine Aufmerksamkeit. Er erzählte von einem arabischen Kind. Er war gerade von seiner allerersten Reise nach Übersee — ins Heilige Land — zurückgekehrt, ein Geschenk der Bibelschulklasse der Männer in seiner Gemeinde. Es war jedoch Vaters Stimme, die mich wach werden ließ. Seine gewöhnlich dröhnende Baßstimme wurde weicher — sie schlug fast um.

„Sie war nur ein kleines, in Lumpen gekleidetes Arabermädchen, das seine staubige Hand ausstreckte und um *Bakschisch* bat! Das ist das arabische Wort für Almosen. Ich werde niemals ihr Gesicht vergessen — für den Rest meines Lebens ..."

Vater senkte seinen Blick auf die hölzerne Kanzel vor sich. Er räusperte sich. Das Kind, so sagte er, sei außerhalb eines palästinensischen Flüchtlingslagers auf ihn zugekommen. Sie war etwa acht Jahre alt. Sie trug ein fadenscheiniges Kleid, ihr Haar war verklebt, und sie trug ein noch jüngeres Mädchen seitlich auf der Hüfte.

„Unsere Gastgeber hatten uns angewiesen, Bettlern nichts zu geben, denn das würde sie bestärken, was immer dies bedeutete. Aber ich konnte sie einfach nicht abweisen. Ich griff in meine Tasche und legte ein paar Münzen in ihre Hand."

Vater hielt inne, und ich glaubte einen Augenblick lang, er würde weinen. Die Gemeinde war sehr, sehr still. Vater fuhr fort und sagte, daß er an jenem Abend vor seinem Bett gekniet habe. Plötzlich stand das Gesicht des schmutzigen, gebräunten Palästinenserkindes wieder vor ihm. Er schloß die Augen, aber sie war immer noch da. Sie streckte wieder ihre Hand aus, aber als Vater in ihre bittenden Augen blickte, schien es, so sagte er, als ob sie nicht *nur* um eine Münze bäte, sondern um etwas viel Tieferes. Sie streckte ihre Hand aus nach Trost und Ermutigung, nach Liebe und Hoffnung für die Zukunft. Nach dem Evangelium.

Ich blickte auf meine teuren Chippewa-Stiefel hinunter, während mein Vater sprach. Wir alle ließen nun unseren Tränen freien Lauf. Vater erzählte, wie er die ganze Nacht in seinem Hotelzimmer wach lag, unfähig, das Gesicht dieses Mädchens zu vergessen. „Und ich muß euch etwas mitteilen", sagte er und richtete sich auf. „Seit jener Nacht habe ich mich verändert. Ich will den Rest meines Lebens dazu verwenden, Menschen von den Nöten unserer Brüder und Schwestern im Ausland zu erzählen. Ich will meinen Teil dazu beitragen, ihnen zu helfen."

„Weltmission", sagte mein Vater, „war immer nur ein Wort für mich gewesen. Sonst nichts. Von nun an hat 'Mission' ein Gesicht. Es ist das Gesicht eines Kindes."

Mein fünfzehn Jahre altes Herz pochte mit neuer Aufregung. Mein Vater war nicht der einzige, der nie mehr der gleiche sein würde. Die Worte, die ich ein Jahr zuvor in der Kirche meines Onkels in Arkansas vor mir in der Luft geschrieben sah, fielen mir plötzlich wieder ein. „Geht hin in alle Welt..."

Vielleicht gab es etwas, was ich gleich geben konnte.

Ich versuchte, nicht an mein Auto zu denken.

Vater kehrte die Reihenfolge der Prioritäten in unserer

Gemeinde um. Immer mehr Geld wurde für Missionsarbeit zurückgelegt. Erstaunlicherweise wurden aber, wenn die Gemeindemitglieder ihre Taschen ausleerten, trotzdem auch die laufenden Rechnungen bezahlt — es ergab sich eine dreißigprozentige Steigerung des gesamten Einkommens unserer Gemeinde.

Vater machte oft großes Aufhebens, wenn er etwas tat. Wochenlang sprach er zu uns über das Leben und die Herausforderungen eines bestimmten afrikanischen Missionars, bis wir alle sehr interessiert waren.

Dann, an einem Sonntag, ließ er einen nagelneuen Geländewagen direkt auf das Podium im Gemeinderaum fahren. Der Wagen würde dem afrikanischen Missionar als Hilfe geschickt werden, wenn wir das Geld dafür aufbringen könnten.

Endlich hatte ich ein Ziel, auf das ich mich konzentrieren konnte. Ich verpflichtete mich, zwei Monate lang meinen Verdienst vom Zeitungsaustragen — 40 Dollar —für den Erwerb des Geländewagens zu spenden. Ich kaufte meinen umgebauten Chevy nicht, aber ich half, ein Fahrzeug zu kaufen, das um die halbe Welt gehen würde.

Später begann ich nachzudenken. Vielleicht könnte ich immer noch mein Auto bekommen. Ich überredete meinen Vater, mich zwei extra Jobs neben meiner Arbeit als Zeitungsjunge annehmen zu lassen.

Und wirklich, mit großem Stolz, den, wie ich gestehen muß, mein Vater mit mir teilte, brachte ich es fertig, in jenem Sommer meines fünfzehnten Lebensjahres genug Geld zusammenzusparen, um mein erstes Auto zu kaufen. Es war genau das, was ich mir gewünscht hatte — ein Chevy, Baujahr 1939. Das arme Auto war schon elf Jahre alt und nur gerade noch am Leben. Beide hinteren Türen waren beschädigt. Ich nahm die Chromteile ab und lackierte es mit Hilfe eines Freundes metallblau.

Aber etwas Tieferes bewegte mich — eine stille, beharrliche Stimme in meinem Innern sagte mir, daß mein Leben aus mehr als Autos oder Schritthalten mit anderen bestehen sollte. Eine Reise nach Mexiko über die Osterferien mit zehn anderen Jungen schien den entscheidenden Wendepunkt herbeizuführen. Ich war achtzehn, wie die meisten in unserer Gruppe. Wir hatten kaum jemals Menschen von einem anderen Land getroffen, aber wir benützten unser Schulspanisch und versuchten, ihnen die wichtigste Botschaft auf Erden mitzuteilen. Es schien fast unglaublich, aber zwanzig Mexikaner bekundeten, daß sie ihr Leben Jesus Christus hingeben wollten. Manche knieten direkt auf der Straße nieder, um zu beten. Trotz der ruhmlosen Art und Weise, wie unsere Reise endete —zwei andere Jungen und ich wurden mit der Ruhr ins Krankenhaus eingeliefert — wußte ich , daß ich auf einen Wegweiser göttlicher Führung gestoßen war.

Es keimte etwas in mir, das ich noch nicht ganz verstand.

Jene Reise nach Mexiko war wohl der Grund dafür, daß ich mich entschied, auf die Bibelschule der Assemblies of God in Springfield, Missouri, zu gehen.

Und so geschah es an einem aufregenden Tag im Herbst 1954, als ich neunzehn Jahre alt war, daß meine Schwester Phyllis und ich (sie hatte beschlossen, ebenfalls auf die Bibelschule zu gehen) alle unsere Sachen in mein Auto luden, welches sich in der Zwischenzeit zu einem Dodge, Baujahr 1948, verbessert hatte.

Meine Mutter, mein Vater und die zehnjährige Jannie, die ihre Sattelschuhe trug, standen Arm in Arm vor unserem Haus in Los Angeles und warteten, bis wir mit dem Beladen des Autos fertig waren. Dann schlossen wir fünf uns zu einem engen Kreis zusammen, und mein Vater betete für unsere körperliche und geistliche Bewahrung. Wir versuchten alle, die Tränen zurückzuhalten, als wir langsam losfuhren.

Aber als ich mein Auto auf dem Olympic Boulevard nach Osten steuerte, in Richtung Springfield, das 2.400 Kilometer entfernt lag, begann für mich ein Abenteuer, das zu entdecken ein Leben lang dauern würde.

KAPITEL 4

Wellen

Es war nur eine kurze Reise zu den Bahama-Inseln, aber eine einzigartige Erfahrung der Führung Gottes, die ich dort hatte, bestimmte die Richtung meines Lebens.

Während ich in Missouri auf der Schule war, beschlossen drei junge Männer und ich — wir waren alle um die Zwanzig — ein Gospelquartett zu bilden. Während der Ferien machten wir weitere Reisen von Springfield aus, als es uns an den Wochenenden möglich war. Eine dieser Reisen führte uns nach Nassau, der Hauptstadt der Bahamas.

Es war im Juni 1956, und wir waren an Bord der Mackey Airlines für den Kurzflug von Miami nach Nassau. Unter unserem Flugzeug mit Propellerantrieb lag eine Inselkette, umgeben von Wasser in den unwahrscheinlichsten Farben, die ich je gesehen hatte: breite Streifen von hellblau, tiefem türkis und violett.

Als der Missionar uns am Flughafen abholte und dann auf der linken Straßenseite fuhr, war ich so gefesselt wie schon seit meinem achtzehnten Lebensjahr nicht mehr, als ich mit zehn anderen Jugendlichen nach Mexiko gereist war. (Es war kaum zu glauben, daß diese Reise schon zwei Jahre hinter mir lag.) Meine freudige Stimmung rührte von mehr her als von den vielen Farben, den Blumen, den Verkehrspolizisten mit ihren weißen Tropenanzügen und Helmen. Es bewegte mich etwas in meinem Innern.

Zwischen den Gesangsdarbietungen sprachen wir mit den Missionaren, die auf den Bahama-Inseln arbeiteten.

Sie erzählten uns von einer peinlichen Situation auf einer der Nebeninseln. Drei Teenager waren gekommen, um Missionsarbeit zu tun — ganz auf eigene Faust. Sie hatten begonnen, sich mit den Inselmädchen zu verabreden und wußten nicht, daß die Verabredung mit einem Mädchen auf den Bahamas niemals eine formlose Angelegenheit war, wie es in den Vereinigten Staaten der Fall war. Und nun war die Insel voll von schädlichen Gerüchten.

Ich hörte mit gemischten Gefühlen zu. Es tat mir leid, daß diese Teenager sich taktlos verhalten hatten. Aber ich hatte noch einen anderen Gedanken: „Was für eine gute Idee sie gehabt hatten — junge Leute, die auf die Inseln kamen, um Missionsarbeit zu tun."

Ich kehrte an jenem Abend nach unserem Auftritt in das Gästezimmer des Missionars zurück, dessen Wände weiß getüncht waren und außer einem Inselbild in einem billigen Holzrahmen keinerlei Schmuck aufwiesen. Ich legte mich aufs Bett, faltete das Kissen doppelt unter meinem Kopf und öffnete meine Bibel, während ich Gott gewohnheitsmäßig bat, zu mir zu sprechen.

Was dann geschah, war durchaus keine Routine.

Ich sah plötzlich eine Weltkarte vor mir. Die Karte schien jedoch lebendig zu sein! Ich setzte mich auf. Ich schüttelte den Kopf, rieb mir die Augen. Es war wie ein geistiger Film. Ich konnte alle Erdteile sehen. Wellen brandeten an ihre Küsten. Jede Welle brandete an einen Erdteil, wich zurück, und breitete sich dann noch weiter aus, bis sie den ganzen Erdteil bedeckte.

Ich hielt den Atem an. Dann veränderte sich die Szene vor meinen Augen. Die Wellen wurden zu jungen Leuten — Jugendliche in meinem Alter und sogar noch jünger bedeckten die Erdteile. Sie redeten mit Menschen an Straßenecken und vor Bars. Sie gingen von Haus zu Haus. Sie predigten. Sie nahmen sich überall der Menschen an, so wie mein Vater sich des kleinen Mädchens angenommen hatte, das um *Bakschisch* gebeten hatte.

Dann verschwand die Szene.

Mensch! dachte ich: *Was war das?*

Ich blickte auf die Stelle, wo ich die Wellen junger Menschen gesehen hatte, aber ich sah nur die weiße Wand des Gästezimmers mit dem Inseldruck in seinem Holzrahmen. Hatte ich mir diese Vision eingebildet oder hatte Gott mir die Zukunft gezeigt?

Warst Du das, Herr? Ich geriet ins Nachdenken, während ich immer noch die Wand anstarrte. Junge Leute —in Wirklichkeit fast noch Kinder — die als Missionare hinausgingen! Was für ein Gedanke! Ich dachte an die drei Jungen auf den Nebeninseln und an den Schaden, den sie angerichtet hatten, indem sie sich einfach wie normale Teenager verhielten. Wenn dieses seltsame Bild wirklich von Gott war, mußte es eine Möglichkeit geben, Probleme zu vermeiden, jedoch gleichzeitig die jugendlichen Kräfte nutzbar zu machen.

Warum, dachte ich, *gab mir Gott diese Vision? Stand meine Zukunft irgendwie im Zusammenhang mit den Wellen junger Menschen?* Ich lag lange Zeit nur da und starrte ins Leere.

Eines war sicher. Ich durfte niemandem etwas von dieser Vision sagen. Solange nicht, bis ich verstand, was sie bedeutete.

Es schien sich ein bestimmtes Schema herauszubilden: Gott redete zu mir und gab mir einen bestimmten Auftrag, dann folgte eine Zeit der Prüfungen. Als ich ein junger Teenager war, redete Gott zu mir und gab mir die Berufung durch das *Bakschisch*-Erlebnis meines Vaters; die Frage war, ob ich noch immer versuchen wollte, mit meinen Chippewa-Stiefeln und meinem Chevy, Baujahr 39, mit den anderen Jungen Schritt zu halten, oder ob ich dieser Berufung folgen würde. Jetzt, zwei Tage nach der seltsamen Vision von den Wellen, begann der erste Teil einer größeren Prüfung. Es schien ein Widerspruch zu sein, daß sie sich als Folge einer guten Wende von Ereignissen ergab, die mich mit der Vergangenheit meiner Familie in Berührung brachte.

Als wir für unsere nächste Vorstellung nach Miami kamen und uns in einem Motel einquartierten, wollten die anderen, daß ich mit ihnen ausginge. „Loren, wir wollen etwas essen gehen. Kommst du mit?"

„Nein, danke, ich glaube, ich gehe diesmal nicht mit."

Ich hatte etwas auf dem Herzen. Ich war in Miami, und es gab hier eine abgebrochene Familienverbindung, die mir in diesem Augenblick wichtiger war als eine Mahlzeit. Ich wußte, daß meine Tante Arnette hier lebte, die Schwester meines Vaters, die ihn vor 27 Jahren aus ihrem Leben ausgeschlossen hatte, als er sich entschloß, Prediger zu werden. Andere Verwandte hatten uns erzählt, daß Tante Arnette wohlhabend geworden war; sie besaß in der Gegend eine Möbelfabrik und mehrere Einzelhandelsgeschäfte. Was die jüngste Schwester, Tante Sandra, betraf, so schien niemand zu wissen, wo sie sich aufhielt. Tante Arnette war immer noch verbittert. Es gelang meinem Vater vor drei Jahren, mit ihr Kontakt aufzunehmen, als Großvater Cunningham starb. „Ich würde nicht einmal die Straße überqueren, um zu seinem Begräbnis zu kommen", sagte meine Tante.

„Was würde geschehen, wenn ich versuchte, sie anzurufen?" dachte ich und nahm das Telefonbuch zur Hand. Ein Zittern der Erregung überfiel mich. Hier stand er —der gleiche Name im Telefonbuch. Arnette Cunningham. Könnte dies wirklich meine Tante Arnette sein? Ich wählte die Nummer.

„Hallo?"

Es war ihre Stimme! Ich hatte sie nie zuvor gehört, aber sie hatte einen vertrauten Klang — sie *klang* wie eine Cunningham.

„Hallo, hier ist Loren Cunningham. Mein Vater ist Thomas Cecil Cunningham. Ich glaube, ich bin Ihr Neffe und möchte fragen, ob ich Sie besuchen könnte?"

Stille. Dann: „Nein, das ist nicht möglich. Ich habe zuviel zu tun!" Klick.

Der nächste Tag war ein Samstag. Meine Freunde gingen zum Schwimmen, und so gerne ich auch an den Strand ging, überraschte ich mich selbst, als ich es wiederum vorzog, nicht mitzugehen. Als ich allein im Motelzimmer war, streckte ich mich auf dem Bett aus und blickte auf das Telefon. Ich konnte jene Unterhaltung nicht vergessen. Sie hatte eine ganze Reihe von Familienerinnerungen wieder lebendig werden lassen.

Ich lehnte mich gegen das Kopfbrett des Bettes und starrte vor mich hin. Unsere ungeöffneten Briefe waren zurückgesandt worden, Telefonanrufe waren verweigert worden. Aber irgend etwas im Klang jener seltsamen und doch vertrauten Stimme ließ in mir den Wunsch aufkommen, es noch einmal zu versuchen. Ich griff nach dem Telefonhörer.

„Hallo, hier ist nochmals Loren. Es tut mir leid, Sie zu stören, aber ich werde morgen wieder die Stadt verlassen. Könnte ich Sie vielleicht treffen?"

„Es tut mir leid, aber meine Angestellten geben mir heute eine Geburtstagsfeier, und es ist mir nicht möglich, Sie zu treffen."

Tante Arnette legte den Hörer wieder auf, aber ich hatte einen kleinen Fortschritt erzielt. Sie hatte mir zumindest eine *Entschuldigung* gegeben, warum sie mich nicht sehen konnte. Ich hatte eine Idee und ging einkaufen.

Was kauft man als Geburtstagsgeschenk für eine Frau, die man nicht einmal kennt? Ich entschied mich für ein leinernes Taschentuch mit viel Spitze, so wie sie meiner Mutter immer gefallen hatten. Dann wählte ich mit Sorgfalt eine Geburtstagskarte aus — nicht zu sentimental, aber mit dem Wunsch: „Alles Gute zum Geburtstag, liebe Tante."

Sonntag mittag waren wir dabei, die Stadt zu verlassen. Ich rief von einer Telefonzelle am Biscayne Boulevard an und bat sie nur um ein paar Minuten ihrer Zeit, bevor ich die Stadt verließ. Diesmal erklärte sich Tante Arnette, vielleicht aus reiner Neugier, bereit, mich zu sehen.

Wir fuhren mit unserem Wagen durch von Palmen gesäumte Straßen, an denen die Häuser mitten in tropischen Landschaftsgärten lagen. Wir hielten vor einem großen graublauen Haus mit überdachter Veranda. Ich erinnerte mich an Arnettes Worte, als sie meinen Vater verspottete, weil er sich entschieden hatte „wie ein Vagabund durchs Leben zu ziehen, Religion als Vorwand zu nehmen und von Almosen zu leben“, prüfte mein Haar im Rückspiegel und richtete meine Krawatte.

Als ich ausstieg, während die anderen im Wagen auf mich warten wollten, konnte ich den schattenhaften Umriß einer Frau sehen, die mich von der überdachten Veranda aus beobachtete. Ich ging gemessenen Schrittes die Treppe hinauf.

Dann stand ich einer Frau gegenüber, die meinem Vater sehr ähnlich sah. Ihr Haar war sorgfältig frisiert, und sie trug Diamantringe, aber seltsamerweise war irgendwie ein Gefühl der Zugehörigkeit da.

„Hallo, ich bin Toms Junge.“

Tante Arnette betrachtete mich eingehend und studierte meine Gesichtszüge. Es war lange still, als wir so auf den Stufen standen.

„Ich habe dir dies zum Geburtstag gekauft“, sagte ich schließlich und reichte ihr die Karte, in die ich das Taschentuch gesteckt hatte.

Tante Arnette nahm die Karte entgegen. „Du sieht deinem Vater sehr ähnlich!“ sagte sie. Und dann leiser: „...das gleiche braune Haar, die gleichen Augen. Das gleiche Lächeln. Du bist aber ein bißchen größer, oder nicht?“ Es entstand eine kurze Pause. Sie lächelte unschlüssig, und ihre Augen füllten sich plötzlich mit Tränen. „Es ist so lange her..."

Dann bat sie mich, ins Haus zu kommen und auch meine Freunde mitzubringen. Aber ich sagte ihr, daß dies nicht möglich sei, wir hätten wirklich nur ein paar Minuten Zeit. Ich beantwortete ihre raschen Fragen nach meinen Eltern, und erklärte, daß auch ich mich darauf vorbereitete, Pastor zu werden, daß ich in Missouri zur Schule ginge und mit einer Gesangsgruppe während des Sommers unterwegs sei. Wir seien gerade von den Bahamas zurückgekehrt. Sie fragte, wie weit nördlich uns unsere Reise führen würde. Ich sagte es ihr, und es entstand wieder eine Stille, während sie fortfuhr, mich mit den Augen von oben bis unten zu messen. Dann sagte sie bedächtig: „Du weißt, daß du noch eine Tante hast, Loren. Verglichen mit deiner Tante Sandra bin ich arm."

Das war eine imponierende Äußerung, dachte ich, während ich mich im Zimmer umblickte. Als Tante Arnette erfuhr, daß uns unsere Reise in die Nähe von Tante Sandras Sommerhaus führen würde, drängte sie mich, mit ihr Kontakt aufzunehmen.

Ich sah auf meine Uhr. Es war wirklich Zeit zu gehen. Wir schüttelten einander die Hand, und sie fragte, wie sie mich finden könne. Ich hinterließ ihr eine Abschrift unserer Reiseroute.

Einige Tage später rief Tante Arnette uns auf unserer Reise an, um mir zu sagen, daß sie für mich arrangiert habe, Tante Sandra zu treffen. Ein Chauffeur holte mich bei der Pfingstgemeinde ab, wo wir sangen, und fuhr mich zu Tante Sandras Sommerhaus in Lake Placid, New York. Tante Sandra und ihr Mann, George, bewegten sich in einer zauberhaften Welt, die ich zuvor nicht gekannt hatte. Was mich jedoch am meisten beeindruckte, war Tante Sandra selbst. Es war kaum zu glauben, daß sie 50 Jahre alt war, mit ihren lachenden grauen Augen und ihrem gewellten, kurzen, braunen Haar. Sie war freundlich, und ich fühlte mich in ihrer Gegenwart wie zu Hause — sie erinnerte mich an meine Schwester Phyllis. Tante Sandra nahm mich auf wie einen verlorenen Sohn. Selbst Onkel George, ein großer, kühler Neuengländer, war recht herzlich.

Das Ausmaß ihrer freundlichen Annahme zeigte sich kurz vor meinem letzten Jahr auf dem Bibelinstitut. Meine Eltern und ich hatten uns Sorgen gemacht, wie wir meine Studiengebühren aufbringen würden. Aber Tante Sandra schrieb und teilte uns mit, daß sie beschlossen hatten, das notwendige Geld für meine weitere Ausbildung bereitzustellen — so lange ich meine Ausbildung fortsetzen wollte.

Im darauffolgenden Jahr waren mein Vater, Tante Arnette und Tante Sandra wieder vereint. Ein glückliches Ende, dachte ich und lächelte. Was ich jedoch ganz und gar nicht voraussah, war, daß diese Wiedervereinigung die Vorbereitung auf eine große Prüfung war.

KAPITEL 5

Kleine Anfänge

„Nun, mein Sohn, du machst wirklich große Fortschritte", sagte meine Mutter eines Tages, als ich in meinem Schrank nach einem weißen Hemd suchte. Ich war 24, und es war während der drei Jahre, seit ich von der Bibelschule nach Kalifornien zurückgekehrt war, bequem gewesen, wieder bei meinen Eltern zu wohnen, die in einem auf einer Anhöhe gelegenen Haus in Monterey Park lebten.

„Ja", sagte ich abwesend. Ich war mir nicht sicher, ob die Bemerkung meiner Mutter ein Kompliment sein sollte, aber ich war auf jeden Fall froh, daß sie es bemerkt hatte.

„Aber, mein Sohn, du mußt alles auf dem Altar lassen. Wenn du stolz wirst, kann Gott dich nicht gebrauchen."

Nachdem meine Mutter das Zimmer verlassen hatte, ging ich zum Fenster und blickte hinaus auf die Kaktuspflanzen. In Gedanken überflog ich die letzten Jahre an der Schule, die ich mit Auszeichnung abgeschlossen hatte und wo ich Vorsitzender der Studentenschaft gewesen war; ich dachte an meine Ordination als Prediger bei den Assemblies of God, an die gute Stellung, die ich jetzt als Leiter der Jugendveranstaltungen im Bezirk von Los Angeles hatte. Ich war über dies alles sehr froh, aber ... stolz? Meine Mutter traf gewöhnlich mit verblüffender Genauigkeit das Richtige, aber diesmal, so dachte ich, hatte sie danebengetroffen. Es sollte Jahre dauern, ehe ich die Wahrheit ihrer Worte erkannte.

Ich machte mir momentan viel mehr Gedanken über

meine Ruhelosigkeit. Was fehlte mir? Ich hatte Spaß an meiner Arbeit — die jungen Leute waren alle so aufgeweckt und voller Eifer. Aber ich mußte eingestehen, daß die meisten Aktivitäten, die ich für sie plante, inhaltslos waren. Sie trafen nicht das Innerste der jungen Leute, denn sie enthielten keine Herausforderung für sie. Das ist es, wonach wir uns alle sehnen, besonders in unseren Teenagerjahren und Anfang der Zwanzig. Eine große Herausforderung.

Ich erinnerte mich wieder an die seltsame Vision, die ich auf den Bahamas gesehen hatte ... war es schon vier Jahre her? Der Kontrast zwischen jener Vision und meinen geringen Anstrengungen war beschämend. Es war an der Zeit, daß ich etwas unternahm.

Und so ging ich ein paar Tage später zu meinem Bezirksleiter mit der Idee, mit den Teenagern eine Missionsreise nach Hawaii zu machen. Der Plan wurde genehmigt und wir fuhren los. Mit 106 Leuten! Wir hatten jedoch einen gemischten Erfolg — die eine Hälfte wollte nur an den Strand gehen, die andere Hälfte wollte mit Menschen über ihren Glauben sprechen. *Du kannst verschiedene Absichten nicht vermischen, Loren,* sagte ich mir.

Es war seltsam, aber ich bemerkte, daß ich mir bestimmte Erfahrungen genau merkte und mir innerlich Notizen machte. Erstens: von der Erfahrung mit den drei Jungen auf den Bahamas (die solch ein Aufsehen erregt hatten, weil sie sich mit einheimischen Mädchen verabredeten) wußte ich, daß während einer Missionsreise keine Verabredungen stattfinden durften. Zweitens: von der Erfahrung in Hawaii lernte ich, daß man touristische Absichten nicht mit einem vollblütigen Evangelisationsengagement vermischen kann.

Warum machte ich mir auf diese Weise innerlich Notizen? Und warum kehrte ich so oft zu jener Vision von den Wellen zurück, die ich auf den Bahamas gehabt hatte? Die ungewöhnliche Erinnerung wollte einfach nicht verschwinden. Sie schien mich für den Alltag untauglich zu machen.

Ich wollte herausfinden, was jene Erfahrung zu bedeuten hatte und was ich nach Gottes Willen damit tun sollte. Der beste Weg dazu würde wohl sein, eine Zeitlang allein zu verreisen und die Möglichkeiten im Ausland auszukundschaften.

Meine Reiseagentur vermittelte mir eine Flugkarte um die ganze Welt zu einem sehr günstigen Sonderpreis. Um das Geld dafür aufzubringen, verkaufte ich mein Auto, ließ mich von meiner Arbeit als Jugendleiter beurlauben und brach auf, um eine Welt zu sehen, die in Not war. Ich wußte, es würde keine Touristenreise werden. Ich würde zwar neue Erfahrungen sammeln — aber mit der seltsamen Gewißheit, daß Gott mich zu etwas hinführte, das ich noch nicht sehen konnte.

Was mich auf meiner Reise am meisten beeindruckte, war die Tatsache, daß die Menschen überall Menschen sind. Wir sind lediglich von „Systemen" umgeben, die uns trennen. In Indien nahm die Tatsache, daß Millionen eine völlig andere Glaubensauffassung hatten als ich, in einem Erlebnis, das ich in einem abseits gelegenen Dorf hatte, in eindringlicher Weise Gestalt an.

Es war ein dunkler, heißer Abend, und ich war gerade auf dem Rückweg zu meinem Hotelzimmer, als ich ein unheimliches Wehgeschrei hörte, das von einer Menschenmenge kam, und ich beschloß, dies näher zu erkunden. Ich bahnte mir einen Weg durch die Menge, und als ich mitten in dem Tumult stand, sah ich einen riesigen Holzhaufen. Ein Mann setzte das Holz mit einer Fackel in Brand, und in dem zunehmenden Lichtschein sah ich oben auf dem Scheiterhaufen ein Paar dünne Beine und eine knabenhafte Gestalt.

Ich erfuhr von einem der Umstehenden, der englisch sprach, daß der sechzehnjährige Junge in einem Messergefecht getötet worden war. Das Wehgeschrei erreichte einen fieberhaften Höhepunkt, und als ich im Feuerschein so in der Menschenmenge stand, wurde ich von der Erkenntnis überwältigt, daß dieser Junge ins Leere hinausgegangen war. Eine schwere, ungelinderte Verzweiflung hing in der Luft, vermischt mit dem widerlich süßlichen Geruch von brennendem Fleisch.

Ich konnte die Hoffnungslosigkeit in dieser Gruppe, die um den Scheiterhaufen stand, nicht vergessen. Es blieb ein überwältigender Wunsch in mir zurück. Ich wollte denen, die noch am Leben waren, sagen: es gibt eine Hoffnung, und ihr Name ist Jesus Christus.

Noch etwas anderes geschah auf jener Reise. Etwas viel Persönlicheres.

Ich begann, mich schrecklich einsam und unvollständig zu fühlen. Während meiner Zeit auf der Bibelschule in Springfield und während der Zeit, als ich an der Universität von Southern California an meinem Magister arbeitete, war ich mit vielen Mädchen ausgegangen. Aber diese Freundschaften, die teilweise recht ernsthaft waren, hatten einfach nie zu einer festen Bindung geführt.

Und nun hatte ich plötzlich das Gefühl, daß mir ein wichtiger Teil des Lebens fehlte. Warum war ich hier ganz allein auf meiner Erkundungsreise? Es traf mich am schwersten, als ich das prachtvolle Taj Mahal Grabmal besichtigte. Als ich durch die reich geschmückten Rundbögen wandelte, war ich von deren Schönheit überwältigt. Dort stand das Alabasterdenkmal, das sich in dem riesigen, rechteckigen Wasserbecken vollkommen widerspiegelte und im weißen Licht der heißen indischen Sonne glänzte. Und dies alles hatte ein Mann aus Liebe zu einer Frau erbaut.

Ich fühlte mich so allein, als ich durch die Rundbögen schritt. Ich wollte sagen: „Ist das nicht wunderschön!" Aber es war niemand da, dem ich es hätte sagen können.

Was mache ich hier ganz allein? Ich dachte nach, während ich neben dem riesigen, glatten Wasserbecken spazierenging und mein einsames Spiegelbild darin erblickte. *Warum habe ich nicht jemand, mit dem ich dies alles teilen kann — nicht nur schöne Dinge, wie das Taj Mahal, sondern auch die Träume, anderen Menschen Hoffnung vermitteln zu können?* Ich dachte an Eltern, die wehklagen, während ihr eigenes Kind in den leeren Raum hinausgeschickt wird. Und ich dachte an die Hände der Bettler, die sich mir überall entgegenstreckten. Genau wie mein Vater es getan hatte, griff ich jedesmal in meine Tasche und legte Münzen in so viele Hände wie möglich, aber es waren stets noch Hände da, die leer blieben. Es war einfach überwältigend. Ich wollte auf irgendeine Weise zu einer Partnerin sagen: „Es muß eine Möglichkeit geben, diesen Menschen zu helfen, ihre Herzensnot wie auch ihre körperliche und geistliche Not zu stillen."

Aber wo würde ich ein Mädchen finden, das dies, sowie die Vision von den Wellen junger Leute, die als Missionare hinausgehen sollten, verstehen würde? Wer würde mit mir umherreisen, um herauszufinden, ob die Vision wirklich von Gott war? Sie würde auf jeden Fall (wie meine Mutter sagen würde) ihre eigene „Berufung" haben müssen. Und, wenn ich an meine Mutter dachte, fragte ich mich, welches Mädchen genug Mut haben würde, um sich an meine Familie anzupassen, in der alle so individuell verschieden, schlagfertig und willensstark waren. Besonders meine Mutter, dachte ich und mußte lächeln.

Schließlich kehrte ich zu meiner Familie in Kalifornien zurück. Ich begann (wieder allein und mir dessen sehr stark bewußt) durch die Vereinigten Staaten zu reisen und meine Erfahrungen zu beschreiben. Ich war besonders daran interessiert, jungen Leuten von der primitiven, nicht so sauberen und komfortablen Welt da draußen zu erzählen, in der es an Möglichkeiten wimmelte, einen wichtigen Beitrag zu leisten. Wenn es jedoch zu der Frage kam, *was* genau sie tun konnten, war ich ein wenig vage, denn dies war mir selbst noch nicht klar.

Ich traf Dallas und Larry einen Monat nach der Rückkehr von meiner Reise, als ich in ihrer Gemeinde in Bakersfield, Kalifornien, sprach.

Dallas Moore, 21, hatte ein eckiges Kinn, blitzende blaue Augen, eine braune Igelfrisur und die Statur eines Footballspielers. Er und sein Freund Larry Hendricks, der ebenfalls 21 war, luden mich zu einem Imbiß in Stan's Restaurant ein. Beide, so erfuhr ich, arbeiteten mit schweren Baumaschinen; sie fuhren Bagger, bedienten Kräne und Bulldozer.

Als wir jedoch zu Stan's Restaurant fuhren, waren das Thema der Unterhaltung nicht schwere Maschinen, sondern Autos. Dallas' eigenes Auto war auffallend — ein 56er, zweifarbiger Bell Aire Chevrolet in hellblau und weiß, auf äußersten Glanz poliert (auf den Chromteilen war kein einziger Fingerabdruck zu sehen), und die Sitze waren mit einer weißen, weichen Polsterung ausgestattet. Ich dachte an meinen 39er Chevy, und es wurde mir bewußt, wie wichtig mir mein Auto vor zehn Jahren gewesen war.

Aber irgend etwas stimmte nicht. Während sie sich über Doppelnockenwellen, doppelte Auspuffkrümmer und dreidüsige Vergaser unterhielten, konnte ich mich einfach nicht am Gespräch beteiligen. Wir ließen uns an einem Tisch im Restaurant nieder, und die Bedienung brachte uns drei Glas Wasser und verschwand. Ich hielt mein Glas in die Höhe. Kaltes, reines Wasser. Es waren hier keine Bakterien zu befürchten. Ich blickte auf die anderen gemütlichen Tische um uns herum und sah, wie die Leute mit Genuß Berge von Hamburgern und Pommes Frites verzehrten. Dallas und Larry bemerkten meine plötzliche Schweigsamkeit nicht. Alle hier schienen in einer riesigen Isolationsblase eingeschlossen zu sein — sie lachten und waren glücklich, während draußen die Menschenmengen mit den ausgestreckten Bettelhänden waren.

Es war einfach zu viel für mich. Ich wechselte das Gesprächsthema. Ich begann, Dallas und Larry von meiner Reise zu erzählen. Ich sprach über alles. Die Bettler. Den Sechzehnjährigen, der auf dem Scheiterhaufen verbrannt wurde. Die Hoffnungslosigkeit, das Wehklagen. Ich blickte Dallas und Larry an, und ich sah ein Schimmern in ihren Augen: sie sahen alles durch mich.

„Und die wirklich tolle Sache ist, Jungs, es gibt so vieles, was ihr tun könntet, um einen wesentlichen Beitrag zu leisten!“ sagte ich.

Sie stimmten mir zu; dann aber kam die unvermeidliche Frage. „Ja, Loren, wir würden gerne helfen. Aber wie könnten wir dies tun? Wir sind keine Missionare. Wir fahren Bulldozer.“

Ja, das war die Frage. Wie?

Einen Monat nach meiner Unterhaltung mit Dallas und Larry fuhr ich mit ein paar Freunden, Bob und Lorraine Theetge, die Pazifische Küstenstraße in Richtung Los Angeles entlang. Bob war ein schlanker, noch jugendlich aussehender, 40jähriger Geschäftsmann. Er und seine lebendige, schwarzäugige Frau gehörten einer Gemeinde in Inglewood an, wo ich tätig gewesen war.

Während wir die Straße hinunterfuhren und die Wellen nur wenige Meter von uns entfernt an den Strand schlugen, begann ich über mein Dilemma nachzudenken.

Überall hatte ich junge Leute wie Dallas und Larry getroffen, die bereit waren, ja sich sogar danach *sehnten*, etwas Bedeutungsvolles zu tun. Ein junger Mann hatte auf einer Karte geschrieben: „Ich bin bereit, für Jesus Christus zu sterben!“ Ich hielt diese Karte in meiner Hand und sah plötzlich, daß ich falsch gehandelt hatte. Ich hatte junge Leute dazu aufgefordert, ihr Leben zu opfern, aber das gegenwärtige System erforderte zuerst eine jahrelange

Ausbildung, und nach Ablauf dieser Zeit würden die meisten ihre glühende Begeisterung für die Missionsarbeit verloren haben. Ich war ganz und gar für Bildung und bereitete mich selbst auf die Magisterprüfung an der Universität von Southern California vor, aber ich wurde von starken Beweggründen angetrieben, die dazu beitrugen, daß ich auch während meiner Studienzeit meine Berufung nicht aus dem Auge verlor.

Ich wußte, daß ich die jungen Leute nicht mehr herausfordern durfte, solange ich ihnen keinen Weg zeigen konnte.

Ich blickte durch das Autofenster hinaus auf die Brandung, die ans Land schlug, und dachte an die Vision. Es war Zeit, daß ich etwas unternahm, aber was?

„Loren, du bist meilenweit entfernt!" sagte Lorraine und lächelte mir vom Vordersitz aus zu.

„Mindestens ein paar Tausend Meilen", gab ich zu. „Ich habe über die jungen Leute nachgedacht und wie sie etwas tun wollen, das wirklich zählt." Ich begann, Bob und Lorraine von der erschütternden Not in der Welt zu erzählen und was ich als vergeudete jugendliche Energie ansah. Während ich redete, bemerkte ich, wie ich mich auf die inneren Notizen bezog, die ich mir gemacht hatte. Wir sollten junge Leute anwerben, sie sofort aussenden — gleich nach der Schule —, so daß später selbst ihre Hochschulausbildung und ihr Beruf einen neuen und tieferen Sinn haben würde. Wir würden sie für kurze Zeitabschnitte zum Missionsdienst aussenden — zwei Monate oder ein Jahr. Jeder würde wissen, daß er sich dort zum Arbeiten und nicht zu touristischen Zwecken aufhielte. Jeder würde seine Reise selbst bezahlen. (Niemand würde mitreisen, um kostenlos die Welt zu sehen.) Und noch etwas anderes kam mir ganz deutlich in den Sinn. Es war etwas Neues, aber es schien richtig zu sein: ganz gleich welche Art von Missionsarbeit wir taten, wir sollten für Freiwillige aus allen Kirchen, nicht nur von einer Konfession, offen sein.

Ich war erstaunt, als ich sah, wie klar meine Vorstellungen geworden waren.

Und dann sagte Bob drei kleine Worte.

Er drehte sich leicht zu mir um und sagte leise: „Fangen wir an!“

Ich wußte in jenem Augenblick, daß etwas begonnen hatte.

Bob sagte nicht: „Fang du an“, er sagte: „Fangen *wir* an!“

Manchmal spricht Gott auf spektakuläre Weise zu uns, dachte ich, wie etwa bei der Vision von den Wellen auf den Bahamas. Aber jetzt hatte er gerade durch drei Worte eines Freundes zu mir gesprochen. „Fangen wir an!“

Wir einigten uns auf einen Namen und gründeten Youth With A Mission (Jugend mit einer Mission), im Dezember 1960. Wir begannen, nach unseren ersten Freiwilligen Ausschau zu halten. Da ich einen Ort brauchte, wo ich mich mit Bewerbern treffen konnte, verwandelte ich mein Zimmer im Haus meiner Eltern in ein Büro. „Ich kann dir eine lederne Schlafcouch besorgen, Loren“, schlug Lorraine vor. „Auf diese Weise hast du Platz für einen Schreibtisch.“

Bald darauf schleppten Bob und ich eine braune Schlafcouch in mein neues Büro. Mit einer Schreibmaschine und einer gebrauchten Vervielfältigungsmaschine, die wir in der Garage meiner Eltern aufstellten, begannen wir, unsere ersten Ankündigungen zu drucken, die wir an eine ganze Reihe von Pastoren senden wollten, damit diese sie an die Jugendlichen in ihrer Gemeinde verteilten.

Ich stellte Mutter, Vater und Jannie, die nun aufs Gymnasium ging, dazu ein, beim Falten, Adressieren und Stempeln der 180 frisch getrockneten Ankündigungen zu helfen. Wir arbeiteten auf dem Wohnzimmerboden bei den großen Fenstern, die einen Blick über das Tal von San

Gabriel gewährten. Meine Schwester Phyllis entging dieser Beschäftigung, denn sie hatte inzwischen ihr eigenes Heim gegründet und den Kapitänleutnant Leonard Griswold geheiratet. Sie unterrichteten beide in Los Angeles, und Phyllis erwartete im Januar ihr erstes Kind.

„He, großer Bruder, wie kommt es, daß ich dafür nicht bezahlt werde?“ sagte Jannie.

„Du wirst deinen Lohn im Himmel empfangen, Schwesterchen!“ lachte ich. Aber ich dachte von neuem über die Bedingungen nach, die wir auf dem Papier, das wir falteten, festsetzten. Dienst ohne Bezahlung — in der Tat, jeder mußte seine eigene Reise bezahlen! Ein rauhes Leben der Evangelisation, kein Tourismus. Und keine Rendezvous.

Als ich die Bündel der Ankündigungen dem Postbeamten sorgfältig vorlegte, stellte ich mir die Reaktion vor, die wir hören würden. „Wo hat diese Idee nur so lange gesteckt?“ würden sie alle sagen. „Das ist großartig!“

Die Reaktion ließ nicht lange auf sich warten. Aber sie war kaum das, was ich erwartet hatte. Oh ja, die jungen Leute waren schon begeistert. Wir erhielten bereits Briefe von möglichen Freiwilligen. Es war mein Vater, der mich auf die Tatsache aufmerksam machte, daß einige Gemeindeleiter ganz und gar nicht begeistert waren. (Mein Vater war inzwischen nicht mehr Pastor einer Gemeinde, denn er war zum örtlichen Vertreter unserer Kirche gewählt worden — mit Mission als speziellem Aufgabenbereich.) Ich beschloß, nach Springfield zu reisen und mit den Brüdern zu sprechen, die verantwortlich für die Missionsarbeit waren.

Sie waren recht freundlich zu mir, einem jungen Grünschnabel, aber sie wiesen mich auf all die Probleme in meinem Plan hin. Unerfahrene junge Leute würden eine Explosivkraft im Ausland darstellen, erklärten sie. Mit dem zunehmenden Nationalismus und den politischen Unruhen hätten die Verantwortlichen unserer Kirche schon genug damit zu tun, die erfahrenen Mitarbeiter davor zu bewahren, des Landes verwiesen zu werden. Da gab es noch das komplexe Problem verschiedener Kulturen. Und dann gab es auch echte Gefahren und Krankheiten. Das letzte, was sie bräuchten, sei ein Haufen junger Leute, die auf sensationelle Erlebnisse ausseien und die wertvolle Arbeit der wirklichen Missionare erschwerten.

Einer der Männer muß bemerkt haben, wie ich innerlich zusammensank, denn er lehnte sich vor und machte einen Gegenvorschlag.

„Wenn du nun jedoch *Freiwillige mit abgeschlossener Berufsausbildung* aussenden würdest, Loren — sagen wir, auf eine fest etablierte Missionsstation, wo sie richtig angeleitet werden könnten", er hielt inne, um die Idee einsinken zu lassen, „ja, wenn du das tätest, ich würde mich auf einen Stuhl stellen und dich anfeuern!"

Warum nicht? dachte ich.

Sobald ich nach Kalifornien zurückgekehrt war, erfuhr ich von einer großartigen Gelegenheit in Liberia für einige Männer, die Baumaschinen bedienen konnten, um eine Straße durch den Dschungel zu einer Siedlung für Leprakranke zu bauen. Ich dachte sofort an Dallas Moore und Larry Hendricks. Ich rief Dallas in Bakersfield an und erklärte, auf welche Weise er und Larry unsere allerersten Freiwilligen sein könnten. Als er mich über die finanzielle Seite fragte, erklärte ich, daß sie für ihren Unterhalt selbst verantwortlich sein würden. Dallas sagte, er würde mit seiner Familie und mit Larry darüber sprechen, und ich wartete ungeduldig mehrere Tage auf seine Antwort. Schließlich rief er mich an. Ich hielt den Atem an, während er auf seine langsame Art zu erzählen begann, wie sie alles mit ihrem Pastor und ihren Familien besprochen hätten, und ... nun ... sie glaubten, es sei das Richtige.

Großartig, rief ich innerlich. Wir fangen nun tatsächlich an.

Dann hatte Dallas noch etwas hinzuzufügen. „Und was das Geld anbelangt, Loren, nun, ich verkaufe meinen Chevy."

Lorraine Theetge fuhr fort, jeden Tag ohne Bezahlung zu arbeiten, so wie wir alle. (Mein eigenes Einkommen kam von gelegentlichen Spenden, die mir bei meinen Vortragsreisen gegeben wurden.) Wir hatten inzwischen einen Spitznamen für Youth With A Mission gefunden — wir nannten die Organisation *YWAM* (ausgesprochen uaiuem), und die Freiwilligen waren *YWAMer*.

Ehe Dallas und Larry ihre Vorbereitungen für die Abreise zur Leprasiedlung in Liberia abschlossen, bereiteten sich mehrere andere YWAMer darauf vor, zu anderen Missionsstationen zu gehen.

Ich war so damit beschäftigt, Möglichkeiten für neue Bewerber auszukundschaften, daß ich in Nigeria war, als Dallas und Larry im Oktober abreisten, um ein Jahr in Liberia zu verbringen. Mein Vater teilte mir in einem Brief mit, daß sie einen großartigen Abschied erhalten hatten. Mein Vater und andere hatten sich im Flughafen von Los Angeles um die beiden Jungen versammelt, ihnen die Hände aufgelegt und für sie gebetet. Dann flogen Dallas und Larry an Bord der Boing 707 von TWA nach Liberia.

„Phantastisch!" dachte ich, als ich den Brief wieder zusammenfaltete. Die ersten zwei YWAMer waren auf dem Weg. Dies waren noch keine Wellen, aber es war ein Anfang. Ich wußte ganz einfach, daß bald mehrere Tausend wie Dallas und Larry hinausgehen würden.

Als ich wieder in den Vereinigten Staaten war, plante ich, einen Tag bei Tante Sandra zu verbringen. Sie und Onkel George hatten mich gebeten, sie zu besuchen. Sie sagten, es gäbe etwas, worüber sie mit mir sprechen wollten. Ich war sicher, es handelte sich um eine Stellung — um eine sehr *gute* Stellung. Ich rief Tante Sandra an und teilte ihr mit, daß ich während meiner Reise bei ihnen vorbeikommen würde.

Und so kam es, daß ich wieder einmal sehr herzlich in die komfortable Welt von George und Sandra Meehan aufgenommen wurde.

Ich drehte mich in den seidenen Bettüchern um und blickte zum Himmel hinauf. Ich war erst sehr spät eingeschlafen, und nun stand die Sonne schon hoch am Himmel und überströmte das elegante Schlafzimmer mit weißem Licht. Heute würde Tante Sandra mir zweifellos jene Stellung anbieten, und ich würde ihr sagen müssen, daß ich die Stimme Gottes gehört und er mir einen anderen Weg gezeigt hatte. Es würde mir schwerfallen. Die Frage war, würde ich weiterhin gehorsam sein? Ich strich mit dem Finger über das Monogramm auf Tante Sandras seidenen Bettüchern.

Ich hatte durchaus Freude an schönen Dingen. Seit der Zeit, da ich so schwer als Zeitungsjunge gearbeitet hatte, um mir ein Paar Chippewa-Stiefel und einen Chevy mit metallblauer Lackierung zu kaufen, hatte ich niveauvolle *Dinge* schätzen gelernt. Es war angenehm, sich hier in dieser Umgebung aufzuhalten, in Tante Sandras Cadillac umherzufahren — und gelegentlich selbst am Steuer zu sitzen.

Ich schaute auf meine Uhr. Neun Uhr! Ich klingelte Hawkins herbei, der wenige Minuten später mit einem Frühstückstablett in den Händen erschien, auf dem meine Lieblingsspeisen standen — reife Melone, warme Waffeln, Eier, Schinken und ein großes Glas mit frisch ausgepreßtem Orangensaft.

Ich aß hastig und ging nach unten. Onkel George hatte bereits das Haus verlassen, aber ich ging durch die hohen Glastüren im hinteren Teil des Hauses hinaus und fand meine Tante, die auf der Terrasse schon auf mich wartete. Sie erhob sich und begrüßte mich mit einem kühlen Kuß auf die Wange. Gail, der Boxer, umkreiste meine Beine und leckte mir die Hände.

„Loren! Guten Morgen, mein Lieber. Wie hast du geschlafen?"

„Gut", sagte ich zaghaft, „nur leider etwas lang." Wir gingen zu den Gartenstühlen hinüber und setzten uns.

„Loren, wir sind so froh, daß du vorbeikommen konntest. Ich...wir wollten so gerne wissen, ob du offen dafür wärest, hier bei Onkel George zu arbeiten."

Hier war sie also, die Frage, die ich beantworten sollte. Ich hatte diese Frau wirklich gern, und ich verstand allzu gut, welch eine Großzügigkeit Onkel Georges Einladung darstellte. Sie boten mir die Gelegenheit an, Teilhaber ihres Familienunternehmens zu werden, das mehrere Millionen Dollar wert war — wie ein Sohn, ein Erbe. Es war seltsam, daß ich der gleichen Versuchung gegenüberstand wie mein Vater vor so vielen Jahren, als Sandra und Arnette ihm auf großzügige Weise bei seiner Ausbildung helfen wollten. Hier stand ich nun eine Generation später und wurde von einer der beiden selben Schwestern auf ähnliche Weise geprüft. Und die Tatsache, daß ich sie so gerne mochte, machte es mir um so schwerer, das zu tun, was ich tun mußte.

„Machen wir einen kleinen Spaziergang", sagte ich, um Zeit zu gewinnen.

Gail sprang auf und rannte voraus, während wir über die weite Rasenfläche in Richtung auf den Damm von Lake Worth schlenderten, der am hinteren Teil ihres Grundstücks ans Ufer plätschert.

Wir blieben zusammen stehen und schauten auf den weiten See hinaus. Ich holte tief Luft.

„Es ist nicht so, daß ich über dein Angebot nicht staune, Tante Sandra."

„Aber du lehnst es ab, nicht wahr?"

Ich versuchte zu beschreiben — nicht zu erklären, denn das war mir unmöglich — wie ich den Ruf, Prediger zu werden, gespürt hatte, als ich dreizehn Jahre alt war.

Und auch, wie Gott mir dann die Vision von Wellen junger Leute gezeigt hatte, die seine Gute Nachricht zu allen Erdteilen der Welt trugen. Als ich so meine eigene Stimme über die Vision sprechen hörte, klang es irgendwie anmaßend.

„Ich habe dies alles schon einmal gehört, Loren", sagte Tante Sandra, und ihre Stimme klang weich, aber etwas gereizt. „Könntest du nicht wenigstens deine Arbeit auf die Vereinigten Staaten beschränken? Es gibt viele Menschen hier bei uns, die Hilfe brauchen." (Und denk nur an all die Hilfe, die du ihnen geben könntest, wenn dir Tausende von Dollars zur Verfügung stünden, sagte eine innere Stimme zu mir.)

Ich blickte Tante Sandra an und sah ihre Besorgnis und Unruhe, und ich fühlte, wie mir ein Stich durchs Herz ging. Ich haßte es, sie enttäuschen zu müssen, aber ich wußte, ich mußte diese Prüfung hinter mich bringen. Ich fand meine Stimme wieder.

„Ich kann nicht, Tante Sandra, ich kann einfach nicht. Gott hat mich in die ganze Welt berufen, und ich muß ihm gehorchen."

Tante Sandra drehte sich zu mir um und ergriff meine Hände. „Loren, Loren. Unsere Familie ist schon zu sehr durch Religion auseinandergerissen worden. Es soll nicht noch einmal geschehen. Viel Glück bei deiner Arbeit. Und grüße deinen Vater und deine Mutter von mir. Ich werde Onkel George alles erklären. So gut ich es erklären kann."

Es war vorbei. Ich ging durch die großen Doppeltüren und die weiten Marmorstufen hinunter und hörte, wie Hawkins sie fest hinter mir schloß. Ich drehte mich noch einmal kurz um und bekam Tante Sandra flüchtig am Fenster der Bibliothek zu sehen.

Während ich mich in einem Taxi vom Haus meiner Tante entfernte, faßte ich den Entschluß, in engem Kontakt mit Tante Sandra und Tante Arnette zu bleiben, jedoch auf jeden Fall meiner Berufung treuzubleiben. Als wir über die Brücke zum Flughafen fuhren, dachte ich über meinen nächsten Schritt nach und über die Wellen. Wellen? Es waren nun sechs Freiwillige unterwegs. Das waren kaum Wellen. Höchstens ein Rinnsal.

KAPITEL 6

Gefährtin, Frau und Freundin

Wie hätte ich je erraten können, daß die junge Dame in dem altmodischen Kleid mir so wichtig werden würde?

Es waren zwei Jahre vergangen, seit wir mit YWAM angefangen hatten, und ich fuhr mit ein paar neuen Freunden, Ed und Enid Scratch und deren Tochter Darlene, zum Mittagessen in ein Restaurant in der Bucht von San Francisco. Das blonde Mädchen (ich schätzte sie auf Anfang Zwanzig) saß in der äußersten Ecke des hinteren Autositzes. Sie war fast feindselig schweigsam und trug ein fades schwarz-braun kariertes Kleid. Ich hatte mit meinen 27 Jahren viele Mädchen kennengelernt, und ich stellte mir vor, daß dieses sehr konservativ sein mußte.

Ich bemerkte jedoch, daß meine Augen immer wieder zu Darlene hinüberwanderten. Sie sah mich nie an, aber sie begann auch keine Unterhaltung mit ihren Eltern, und es schien, als bestünde eine kleine Spannung zwischen ihnen. Sie hatte schönes hellblondes Haar und füllte das unbeschreibliche Kleidungsstück auf jeden Fall recht hübsch aus.

„Sie haben in diesem Restaurant ein ausgezeichnetes Büfett, Loren", sagte Darlenes Vater und füllte so die peinliche Stille aus, während wir bei Dinah's Shack vorfuhren. Und er hatte Recht. Wir gingen alle an den langen Serviertischen entlang, die unter dem großen Aufgebot an köstlichen Speisen ächzten. Wir begannen zu essen, und die langen Zeiten der Stille wurden nur durch kurze Unterhaltungen unterbrochen.

„Was ist diese Jugend mit einer Mission?" fragte Darlene plötzlich, ihre blauen Augen direkt auf mich gerichtet.

„Oh, nun, ich ... das heißt wir ... wollen Wellen junger Leute sehen, die als Missionare hinausgehen." Es gab eigentlich nicht viel mehr zu berichten. Mein Vater hatte kurze Zeit zuvor Dallas und Larry in Liberia besucht. Es ging ihnen sehr gut. Sie bauten ihre Straße durch den Dschungel zur Leprastation und besuchten gleichzeitig abgelegene Dörfer, um den Menschen dort von dem großen Gott zu erzählen, der uns alle geschaffen hat. Ich erklärte Darlene unser Freiwilligen-Programm, das jungen Leuten Gelegenheit gab, den regulären Missionaren mit ihren Fertigkeiten zu helfen. Zu meiner Überraschung wurde Darlene plötzlich aufmerksamer.

„Wieviele Freiwillige habt ihr bis jetzt ausgesandt?"

„Zehn."

Als ich dies sagte, merkte ich, daß meine Stimme leiser geworden war. Die Zahl klang erbärmlich niedrig. Ich war immer noch auf der Suche nach neuen Ideen und Möglichkeiten. Aber ich hatte jetzt zwei feste Mitarbeiter. Lorraine Theetge hatte eine ältere Dame namens Overton, die ihr half. Zwei feste Mitarbeiter und eine Handvoll Freiwilliger. Nicht sehr beeindruckend.

„Nun, ich glaube, es ist eine großartige Idee, nicht wahr?" fragte Darlenes Mutter ihren Mann, um mich zu retten.

Darlenes Vater stimmte mit übertriebener Begeisterung zu und bezahlte dann die Rechnung. Wir fuhren alle vier zurück zu seiner Gemeinde, wo nur mein olivfarbener VW-Käfer und noch ein anderes Auto auf dem Parkplatz standen. Der andere Wagen war ein schwarzer, frisierter Ford, Baujahr 39, mit tiefergelegtem Frontteil. „Wem gehört das Auto?" fragte ich Darlene und deutete aus dem Wagenfenster.

„Das gehört mir", sagte Darlene. „Es ist kein Thunder*bird*, und so nenne ich es Thunder*goose*!"

Hmm. Dieses Mädchen war nicht so langweilig, wie ich dachte. Ich stieg aus dem Wagen ihrer Eltern aus und ging um das Auto herum, um die hintere Tür für sie zu öffnen. Ich bemerkte dabei, wie Darlene einen flüchtigen Blick in den Rückspiegel warf und mit den Fingern ihr Haar zurechtstrich. Als sie ausstieg, streifte sie mich zufällig, und es machte mir durchaus nichts aus.

Darlene schien ganz und gar nicht in Eile zu sein, sich von mir zu verabschieden, nachdem ihre Eltern weggefahren waren. Wir lehnten uns gegen ihren flotten schwarzen Ford und unterhielten uns bis spät in den Nachmittag. Es war einer dieser wunderschönen Tage in Kalifornien. Eine leichte Brise kam vom Pazifik herauf. Ich erfuhr, daß Darlene einen erfüllenden Beruf als anerkannte Krankenschwester hatte. Darlene selbst stammte aus einer Familie, die auf eine lange Reihe von Predigern und Missionaren in den Assemblies of God zurückblicken konnte. Als ich jedoch sagte, ich hoffte, tausend junge Leute auf dem Missionsfeld zu sehen, wurde Darlene still.

„Du glaubst doch nicht, daß *alle* Christen eine Berufung haben, oder, Loren?" fragte sie schließlich. „Nicht jeder kann ein Prediger sein."

„Nicht jeder kann ein Prediger sein, aber jeder Christ hat in der Tat seine eigene Berufung." Ich hielt inne. Irgend etwas veranlaßte mich hinzuzufügen „oder ihre eigene Berufung, Darlene. Du mußt dieser Berufung Folge leisten — ganz gleich, wer versucht, dich vom Weg abzubringen."

Es entstand wiederum eine Stille. Irgendwo unten auf der Straße hörte ich Kinder schreien, die zusammen Ball spielten. Ich fürchtete, dieses Mädchen verletzt zu haben, und überraschenderweise hoffte ich, daß dies nicht der Fall wäre. Endlich sagte sie grinsend: „Du hast vollkommen recht, Cunningham!"

Sie gefiel mir. Keine Scheu, kein Katz- und Mausspiel. Warum mußte ich plötzlich an das Taj Mahal denken?

Ich war froh, rechtzeitig zurück in Südkalifornien zu sein, um Dallas und Larry am Flughafen abzuholen, als sie von ihrem Einsatz in Liberia zurückkehrten. Sie erzählten mir alles während der Fahrt. Dallas' eckiges Gesicht leuchtete vor Aufregung, als er über den Bau der Straße durch den Dschungel berichtete und über ihren evangelistischen Dienst an den Wochenenden. Dieses Abenteuer, sagte er, sei das Wichtigste, was je in seinem Leben geschehen sei. Ich verabschiedete mich und wußte, daß ganz gleich, was Dallas und Larry von nun an taten, ihr Leben eine neue Dimension enthalten würde — das Wissen, eine wichtige Rolle dabei gespielt zu haben, das Evangelium in alle Welt zu tragen.

Aber selbst, als wir diese Erfahrung mit unseren ersten Freiwilligen zu einem Abschluß brachten, war ich mir der ungeheuer großen Aufgabe bewußt, die noch vor uns lag.

Als ich nach Hause fuhr, erinnerte ich mich an ein aufregendes Erlebnis während meiner ersten Reise nach Afrika, bevor Dallas und Larry ausgesandt worden waren.

Ich hatte ein Dorf besucht, in dem ich der allererste Mensch war, der den Eingeborenen die Botschaft von Jesus Christus erzählte. Der alte Häuptling hatte zustimmend genickt, als ich ihm durch einen Dolmetscher sagte, daß Gott seinen Sohn für die Welt dahingegeben hat. Ich beobachtete, wie der Häuptling und andere ihre Entscheidung erwogen.

Einige Wochen später bestieg ich ein Flugzeug, um den Kongo zu verlassen. Ich blickte zur Luke hinaus und sah eine dünne Rauchwolke aufsteigen — sie kam von einem Abendfeuer in einem Dorf, ganz ähnlich dem, das ich besucht hatte. Dann sah ich noch zwei, drei andere. Überall am Horizont stieg der Rauch von Dorffeuern in die Höhe. Die gewaltige Bedeutung dessen, was Jesus uns befohlen hatte — geht hin in *alle* Welt und predigt das Evangelium der ganzen Schöpfung — wurde mir plötzlich bewußt, als ich sie unterhalb meines Flugzeugs durch Hunderte von Dorffeuern im Licht der Dämmerung graphisch dargestellt sah.

Dallas und Larry waren wieder in Bakersfield. Ich war wieder unterwegs, und ich stellte fest, daß ich immer noch an das Mädchen in dem langweiligen Kleid dachte. Ich rief Darlene an, und sie war recht freundlich, aber ich hatte das Gefühl, daß sie sich immer noch sehr distanzierte. Ich rief sie später noch einmal an und schrieb ihr, aber wir schienen nie eine Möglichkeit finden zu können, uns zu treffen. Schließlich beschloß ich, einen anderen Weg einzuschlagen. Ich erfuhr, daß Darlene den Plan, nach Los Angeles zu kommen, um ihre Tante zu besuchen, rückgängig gemacht hatte.

„Darlene", sagte ich am Telefon, „ich möchte dich sehen. PSA Airlines bietet einen Flug an, der diesen Freitag um acht Uhr abgeht. Ich werde am Los Angeles Flughafen auf dich warten. Wenn du nicht an Bord bist, so werde ich zu dir fliegen."

Auf diese Weise hatten wir einige Tage später unsere erste richtige Verabredung. Darlene sah hübsch aus in ihrem gelben Kostüm, mit sorgfältig frisiertem Haar. Ihr Verhalten war jedoch immer noch reserviert. Ich war etwas verunsichert. Ich freute mich über ihre Gegenwart, fragte mich aber gleichzeitig, was sie mir vorenthielt.

Ich fuhr Darlene in meinem VW Käfer auf den Gipfel eines Berges, der ein wunderschönes Panorama auf Los Angeles bot. Die Lichter der Stadt glitzerten wie Edelsteine auf schwarzem Samt. Darlene saß steif auf der äußersten Kante des Autositzes.

„Dar", begann ich und gebrauchte ihren Kosenamen, „gibt es irgend etwas, was du mir erzählen solltest?"

Sie blickte mich direkt an und sagte: „Du bist ein guter Freund, Loren. Wirklich..."

„Du bist dabei, 'aber' zu sagen. Aber *was*?"

„Loren, du hattest wirklich recht, als du sagtest, daß mir *niemand* im Weg stehen sollte, Gott zu gehorchen. Es gab jemanden — " (mein Herz lebte auf bei dem kleinen Wort *gab*) „er hieß Joe."

Die Geschichte entfaltete sich allmählich, während Dar auf die funkelnden Lichter der Stadt hinunterblickte. Sie erzählte mir, daß sie im Alter von neun Jahren eine Vision gehabt hätte, in der sie sich von asiatischen Kindern umgeben sah. Sie wußte in ihrem Herzen, daß es eine Berufung war: sie sollte Missionarin werden. Es waren seitdem jedoch vierzehn Jahre vergangen, und sie hatte sich in Joe verliebt, der sich für Missionsarbeit ganz und gar nicht interessierte. Ohne daß es ihre Eltern wußten, erwog Dar, Joe zu heiraten, und drängte dabei ihre Berufung in den Hintergrund.

„Meine Eltern fühlten, daß etwas nicht stimmte und machten sich Sorgen. Das war der Grund, warum mein Vater mich dazu zwang, an jenem Tag mit ihnen zu Dinah's Shack zum Essen zu gehen — sie hofften, ich würde jemanden kennenlernen und meine Gedanken von Joe ablenken. Ich war so erbost darüber, daß ich beschloß, nur das Notwendigste zu tun — nur höflich zu sein. Und ich trug mein häßlichstes Kleid!"

Ich mußte lachen, aber sie lächelte nur und fuhr fort. Meine Bemerkung über den Gehorsam gegenüber Gottes Willen überzeugte sie, daß sie aufhören sollte, sich selbst zu täuschen. Am selben Abend noch kniete sie nieder zum Gebet und gab Joe auf.

„Ich sagte Gott, daß ich ihm gehorchen wolle, ganz gleich, was es kostet! Ich würde Missionarin und eine alte Jungfer werden, wenn er es wollte." Ich wollte sie unterbrechen, aber sie redete weiter. „Ich bat Gott, meine Liebe für Joe wegzunehmen." Am nächsten Tag geschah etwas Erstaunliches. Joe rief sie an und verlangte zu wissen, was am Abend zuvor um zehn Uhr dreißig geschehen war. Er sagte, zu jenem Zeitpunkt habe er plötzlich gewußt, daß er sie verloren hätte.

„Aber, Dar“, sagte ich, als sie zu reden aufhörte, „eines ist nicht richtig. Hat Gott dir wirklich gesagt, du solltest als Missionarin eine alte Jungfer sein oder hast du diesen Teil selbst hinzugefügt?“

Ihr Schweigen ließ mich wissen, daß ich das Richtige getroffen hatte. Sie hatte gedacht, daß ihr Dienst für Gott als Missionarin die Ehe ausschließen würde. Nun wußte ich, warum sie zwar freundlich gewesen war, aber sorgfältig Abstand von mir gehalten hatte.

Es gab noch etwas, das ich über dieses Mädchen herausfinden mußte. Ich wußte nun, daß jeder von uns beiden eine Berufung zur Missionsarbeit hatte. Ihre Furchtlosigkeit und ihr Frohsinn ließen ahnen, daß sie vielleicht sogar fähig wäre, aus einem Koffer mit mir zu leben. Aber würde sie sich mit meiner Familie verstehen? Mit meiner Mutter?

Bei unserem nächsten Treffen fuhr ich Dar zum Haus meiner Eltern — dasselbe Haus, in dem mein Schlafzimmer zwei Jahre zuvor zu unserem ersten YWAM Büro umgewandelt worden war. Als wir an den Kakteen und Yuccapflanzen vorbei zur Eingangstür gingen, machte ich mir über das bevorstehende Treffen Gedanken. Würde Dar erkennen, daß meine Mutter nicht so schlimm war, wie es vielleicht den Anschein hatte? Würde Dar meiner Mutter gefallen?

Meine Mutter und mein Vater empfingen uns an der Tür. Mein Vater füllte mit seiner eckigen Gestalt den Türrahmen aus, meine Mutter stand aufrecht da und blickte mit ihren schwarzen Augen Dar ganz offen von oben bis unten an. „Guten Tag, junge Dame!“ sagte mein Vater mit seiner dröhnenden Stimme und bot Dar seine große Hand zum Gruß an. Meine Mutter sagte nichts. Ich hielt den Atem an.

Und dann ... geschah das Schlimmste, was überhaupt

möglich war.

Meine Mutter fing an, Dars Schultern und Arme zu befühlen, und dann platzte sie heraus: „Du bist aber knochig ... und dein Rock ist zu kurz!"

„Das stimmt beides nicht", antwortete Darlene sogleich, ohne aus dem Gleichgewicht zu kommen. Und sie sagte es noch dazu mit einem Lachen! „Es freut mich, Sie kennenzulernen, Frau Cunningham." Darlene bot ihr die Hand an; ihre blauen Augen zwinkerten lustig. Meine Mutter stand eine lange Sekunde lang mit seitlich geneigtem Kopf da. Dann warf sie die Arme in die Höhe, stieß ein lautes Lachen aus und umarmte Dar. Ich atmete auf. Ich hatte ein Mädchen gefunden, das meiner Mutter gewachsen war — und sie außerdem gern hatte!

Während der darauffolgenden Wochen hielten Dar und ich PSA Airlines zwischen San Francisco und Los Angeles in Betrieb. Kurz vor Weihnachten, nur vier Monate nach unserem ersten Treffen, waren Darlene und ich in Blum's Restaurant in San Francisco. Wir saßen auf weißen schmiedeeisernen Stühlen und ließen uns ein Stück Kuchen schmecken.

„Darlene, ich möchte den Rest meines Lebens mit dir verbringen." Sie murmelte etwas und wechselte das Thema. Später versuchte ich es noch einmal. „Ich meine es ernst, Dar. Ich frage dich, ob du mich heiraten willst!"

Diesmal sagte sie: „Ich muß darüber nachdenken." Und dann schnell: „Ich habe darüber nachgedacht. *Ja*!"

Ich nahm sie in meine Arme und küßte sie. Gott hatte mir meine Gefährtin gegeben, und mein Herz jauchzte vor Freude.

Drei Wochen später, an ihrem Geburtstag, am 5. Januar 1963, schenkte ich ihr einen Diamantring, und wir setzten den Hochzeitstag auf den 14. Juni fest — fünf Monate später. Bei all der Aufregung des Pläneschmiedens für unser gemeinsames Leben wußten weder Dar noch ich, daß wir bald einem größeren Problem und einem wichtigen Aspekt der Führung Gottes gegenüberstehen würden. Wir würden eine deutliche Weisung von Gott erhalten müssen im Hinblick auf den besonderen Dienst, den er für jeden von uns geplant hatte.

KAPITEL 7

Gott will direkt zu dir sprechen

Ich schob über Ostern eine Reise auf die Bahamas ein, nur zwei Monate vor unserem Hochzeitstag. Ich freute mich schon, die türkis gestreiften Wasser nach sieben Jahren wiederzusehen, aber der eigentliche Zweck meiner Reise war, mögliche Einsatzorte für ein wirklich großes Unternehmen auszukundschaften. Zum ersten Mal seit unserem Experiment vor drei Jahren, als wir mit Teenagern nach Hawaii reisten und gemischte Ergebnisse erzielten, wollte ich mit einer anderen Gruppe, die aus hundert oder mehr Jugendlichen bestand, auf die Bahamas reisen, um das in die Praxis umzusetzen, was ich in der Vision von den Wellen gesehen hatte. Wir hatten bis jetzt zwanzig berufserfahrene Freiwillige angeworben, aber ich sehnte mich danach, etwas Dynamischeres zu sehen — etwas, das meiner Vision ähnlicher war.

Die mit Blumen gesäumten Straßen von Nassau hatten sich nicht verändert, und auch die Polizisten in ihren weißen Uniformen und Helmen waren die gleichen. Als wir an einem schönen Strand vorbeifuhren, erinnerte ich mich daran, wie ich die verschiedenen Erdteile gesehen hatte, die starke Brandung, die sie bedeckte, und die jungen Leute, die predigten und den Menschen halfen.

„Könnte es nicht gut möglich sein, daß der Herr uns die erste große Welle genau hier gibt, wo er mir die Vision gab!“ dachte ich. Ich hatte vor langem bemerkt, daß Gott oft im voraus Andeutungen auf seine Pläne macht. Wenn wir hundert junge Leute hätten, dachte ich, könnten wir möglicherweise jedes Haus auf jeder der dreißig Bahama-

Inseln erreichen.

Am nächsten Morgen kam ich mit den örtlichen Gemeindeleitern verschiedener christlicher Gemeinden im Gemeindehaus meines Gastgebers, dem Evangelistic Temple, zusammen, einem niedrigen, aus Betonblöcken bestehenden Gebäude in Nassau, und erklärte unseren Traum, im nächsten Sommer hundert junge Leute hierherzubringen. Die Jugendlichen, so erklärte ich, würden ihre Reise selbst bezahlen. Sie würden zum Arbeiten hierherkommen, nicht zum Vergnügen; sie würden ihren ganzen Sommer dem evangelistischen Projekt widmen. Der Name des Projektes würde dies alles zum Ausdruck bringen: Sommerdienst. Wir würden uns völlig in den Dienst Jesu stellen.

Die Reaktion war so, wie ich gehofft hatte; wir erhielten eine herzliche Einladung. Ich war aufgeregt, als ich die Gemeinde an jenem Morgen verließ. Wenn ich in einigen Tagen wieder zu Hause sein würde, könnte ich Dar mitteilen, daß wir bereits unser erstes größeres YWAM-Projekt entworfen hatten.

Ich eilte zurück nach Kalifornien zu meiner Verlobten. Wir hatten eine klassische Hochzeit im Monat Juni in der Gemeinde von Dars Familie. Sie kam mir den Mittelgang entlang entgegen. Sie trug ein weißes Seidenkleid und ihre blauen Augen strahlten unter dem Schleier. Mein Vater und Dars Vater führten zusammen die feierliche Handlung aus und nahmen uns das Ehegelübde ab. Meine Schwester Phyllis sang ein Solo, und ihr Mann, Len, war einer meiner Trauzeugen. Jannie zündete die Kerzen an, während meine Mutter von ihrem Sitz in der vordersten Reihe aus nur so strahlte.

Zwei ganz besondere Gäste waren Tante Arnette und Tante Sandra. Sie saßen beim anschließenden Empfang an den gegenüberliegenden Enden des Serviertisches und schenkten Tee und Kaffee aus silbernen Kannen aus. Ich hatte das Gefühl, daß wir vollständig waren, daß ein gebrochener Kreis wieder zusammengefügt war.

„Hier, Loren — Schatz“, sagte Tante Sandra und stellte die Kaffeekanne hin, um mir ein Glas Punsch einzugießen. „Du hast eine wunderschöne Braut, mein Lieber, und ich weiß, sie wird dir bei deiner Arbeit helfen.“ Tante Sandra fuhr fort, Kaffee auszuschenken, aber ich wußte, daß jetzt alles in Ordnung war — Tante Sandra unterstützte mich *und* meine Berufung und versuchte nicht mehr, mich davon abzubringen.

Vor dem Taj Mahal hatte ich Gott um eine Gefährtin gebeten — ich sah es jetzt als ein Gebet, obwohl es zu jener Zeit nur ein unausgesprochenes Verlangen war. Ich suchte ein Mädchen, das selbst eine Berufung zur Missionsarbeit hatte und das sich meinem ungewöhnlichen Lebensstil und meiner Familie anpassen konnte. Dar entsprach meinen Vorstellungen in jeder Hinsicht. Es gab nur noch eines, was ich gerne entdecken wollte — wie sie in dieser Berufung ihre eigene Rolle finden würde.

Wir beschlossen, eine Missionsreise durch Europa und Asien zu unternehmen, gleich nach unserer Hochzeitsreise, um zu sehen, ob Dar von Gott hören würde, was ihre Rolle sein sollte. Wir fuhren zu unserer Hochzeitsreise übers Wochenende nach Carmel, Kalifornien, und ließen unsere Hochzeitsgeschenke im Haus meiner Eltern zurück. Bevor wir ins Ausland abreisten, zeigte ich Dar unser „kleines Nest“ — ein Haus mit fünf Zimmern — in La Puente. Es war mir möglich gewesen, es mit einer kleinen Anzahlung zu erwerben, die restlichen Schulden mit meinem Vater als Bürgen zu finanzieren und es zur Deckung der monatlichen Ratenzahlungen zu vermieten.

„Das wird eine kleine Absicherung für die Zukunft sein“, erklärte ich meiner Braut.

Unser bevorstehender Sommerdienst auf den Bahamas sollte schon in einem Jahr stattfinden, aber im Moment konzentrierten wir uns darauf, einander kennenzulernen und herauszufinden, wie wir als Team zusammenarbeiten konnten. Ich hatte mich immerhin schon seit drei Jahren mit der Missionsarbeit beschäftigt, und für Dar war es ein erster Versuch. Ich wollte auf keinen Fall, daß sie sich überflüssig fühlte.

Wir hatten die erste Hälfte unserer Reise bereits hinter uns, als wir zusammen vor dem Taj Mahal standen. Es war Vollmond. Wir hatten uns gegenseitig die Arme um die Schultern gelegt und blickten zu dem perlenartigen Bau hinauf, der im blauen Licht glänzte. Als ich auf Dar hinunterblickte und sah, wie sich das Mondlicht in ihren Haaren fing, konnte ich wirklich verstehen, warum ein Mann seiner Frau ein solch phantastisches Denkmal setzte.

Ich hatte den Eindruck, daß alles sehr gut verlief, so daß ich von dem, was dann geschah, überrascht wurde. Wir waren in Singapur und wohnten in dem kleinen Gästezimmer eines Missionshauses, das zur Zeit, als die Insel unter britischer Herrschaft stand, gebaut worden war. Das Haus hatte dicke Mauern, hohe Decken, knarrende Ventilatoren, blanke Holzböden und vergitterte Fenster.

Eines Tages kam ich nach Hause und fand Dar quer über dem Bett ausgestreckt. Ich lief eilig über den dunklen Holzboden zu ihr und beugte mich über sie.

„Dar! Bist du krank?“ Ich drehte sie zu mir und sah, daß ihre Augen vom Weinen geschwollen waren. „Was fehlt dir?“

Dar antwortete nicht gleich. Der alte Ventilator an der Zimmerdecke bewegte die heiße, feuchte Luft nutzlos im Zimmer umher. „Nichts“, sagte sie. „Wirklich nichts, Schatz.“

Warum sagen Frauen immer so etwas, dachte ich. „Natürlich fehlt dir etwas, Dar. Sag's mir.“

Eine Fliege schwirrte in weiten Kreisen über dem vierpfostigen Bett. In der Ferne konnte ich einen moslemischen Muezzin hören, wie er die Gläubigen zum Gebet rief. Aber nach und nach kam alles ans Licht. „Liebling", sagte Dar, „ich... sie erwarten alle von mir, jemand zu sein, der ich einfach nicht bin." In einem Land nach dem anderen, schien es, hatten Freunde meine Braut begrüßt und sie arglos gefragt: „Spielst du Klavier?" „Nein", mußte Dar sagen. „Singst du?" „Nein". „Auf welche Bibelschule bist du gegangen?" „Auf die St. Francis Krankenpflegeschule." „Oh!"

„Loren", sagte Dar, während sie sich aufsetzte und ihre Augen betupfte. „Ich habe gebetet, Gott möge meine Stimme verändern — du weißt, wie ich mich anhöre — so daß ich singen kann."

Ich lachte und versicherte ihr, daß, wenn ich mir ein Mädchen gewünscht hätte, das singen und Klavier spielen kann, ich ein solches Mädchen geheiratet hätte. „Dar", sagte ich, „es klingt so, als wolltest du, daß ich dir sage, was deine Rolle ist." Ich hielt ihre Hand, aber ich erinnerte mich an etwas, das mich davon abhielt, jetzt zu versuchen, sie zu beschwichtigen. Ich dachte daran, wie ich als kleiner Junge hinter dem Sofa verzweifelt für meinen sterbenden Vater gebetet hatte, und wie ein Mann mit einem „Traum" über meinen Vater, wie er in einem Sarg nach Hause käme, zu unserer Haustür gekommen war. Und ich erinnerte mich, wie Mutter dann sagte: „Bei etwas so Wichtigem muß Gott zu *mir* sprechen."

Ich nahm Dar in meine Arme und machte mich fest. Dann blickte ich in ihre blauen Augen, die jetzt rotumrandet waren.

„Schatz, das ist etwas, das Gott dir selbst sagen muß. Er selbst. Es tut mir leid, aber ich kann dir nicht helfen."

Darlene hörte wirklich von Gott. Als ich später zurückkam, strahlte sie nur so. „Loren, der Herr hat durch die Geschichte von David und Abigail zu mir geredet. Abigail sagte, sie wolle denen die Füße waschen, die die Füße ihres Mannes wuschen. Das ist mein Dienst. Ich soll eine Dienerin sein — und anderen die Füße waschen!"

Es klang so geringfügig, besonders von einer so starken Frau wie Dar, aber sie war glücklich, und so konnte ich nicht anders, als ebenfalls für sie glücklich zu sein. Ich drückte Dar an mich und dachte darüber nach, was dies wirklich bedeutete. Darlene war die erste von vielen, die zum vollzeitigen Dienst bei Jugend mit einer Mission berufen sein würden, aber jeder einzelne würde seinen oder ihren eigenen Platz finden müssen. Der Dienst mußte sich nicht einem althergebrachten, feststehenden Muster anpassen: Gott hatte für jeden eine besondere Aufgabe. Jeder einzelne mußte persönlich von Gott hören — und nicht einfach mein Wort als das seine akzeptieren.

Dar und ich wußten beide, daß die grundlegende Voraussetzung die Herzenseinstellung war. Dar hatte dies richtig getroffen. Absolut richtig.

Nach Singapur beobachtete ich, wie sie ihren Dienst der „Fußwaschung" versah. Wenn sie die geplagte Frau eines Missionars sah, bot sie sich an, das Geschirr zu waschen und bestand darauf, daß die Frau diese Zeit mit ihren Kindern verbrachte. Dar zeigte außerdem Talent darin, jedes Zimmer, in dem wir vorübergehend wohnten, in ein „Zuhause" zu verwandeln; sie pflückte — wenn sonst nichts vorhanden war — ein paar wild wachsende Blumen und stellte sie in einen Krug. Und ich sah auch, daß ihr Dienst des Dienens noch in eine andere, sehr wichtige Richtung verlief. Sie war für die Nöte anderer empfänglich, beantwortete ihre Fragen und unterhielt sich mit ihnen auf individueller Basis; sie hörte ihnen zu, gab Anregungen und Ratschläge. Ich war so froh, daß Gott mir Darlene geschenkt hatte, bevor wir mit dem ersten großen Projekt auf den Bahama-Inseln begannen. Der Sommerdienst sollte ein recht großes Unternehmen werden. Die erste große Welle junger Leute würde bald hinausgehen. Ich begann eine heftige Aufregung in mir zu spüren. Ich konnte diese Reise auf die Bahamas kaum erwarten.

Es war ein feuchtkalter Februarabend im Jahr 1964, mehrere Monate später, und ein Stoß Holzscheite knisterte im Kamin meiner Eltern, der mit Steinplatten ausgelegt war und sich neben den großen Fenstern befand, die einen weiten Blick auf das Tal von San Gabriel gewährten. Außer Jannie, die in Springfield, Missouri, das College besuchte, war die ganze Familie anwesend, einschließlich der beiden Kinder von Phyllis und Len, die in der Küche mit Bauklötzen spielten.

Dar und ich redeten so aufgeregt, daß selbst meine liebe Mutter keine Gelegenheit bekam, zu Wort zu kommen.

„Wir werden 30 Inseln anpeilen", sagte ich, während ich eine Landkarte vom Karibischen Meer auf dem Wohnzimmerboden vor dem Kamin ausbreitete und auf eine Reihe von Punkten zeigte, die sich in einem Halbkreis von Florida bis zur Dominikanischen Republik erstreckten. „Wir werden versuchen, alle Nebeninseln mit unseren englisch sprechenden Jugendlichen zu erreichen und die Dominikanische Republik mit spanisch sprechenden Jugendlichen. Wir werden uns zwei Monate lang dort aufhalten." (Ich war froh, daß wir die Termine so festgelegt hatten, daß wir die Inseln vor der schweren Sturmzeit wieder verlassen würden.) Wir planten, am ersten Juli von Miami nach Nassau zu fliegen, in weniger als fünf Monaten. Von dort wollten wir gruppenweise in Postbooten zu den Inseln fahren. Der Sommerdienst würde jeden Teilnehmer 160 Dollar für zwei Monate kosten, worin die Flugkarte von Miami nach Nassau und zurück eingeschlossen war.

„Das bedeutet zwanzig Dollar die Woche, mein Sohn", sagte meine Mutter. „Entweder ist dieser Plan vom Herrn oder du bist verrückt." Sie tippte leicht an ihre Stirn.

Wir lachten alle, aber so wie ich Mutter kannte, meinte

sie es nicht im Spaß.

Dar und ich waren wieder unterwegs, um noch mehr junge Leute anzuwerben. Wir gingen überall hin, wo wir eingeladen wurden. „Der Sommerdienst wird ein hartes Trainingslager des Glaubens sein", erklärten wir den jungen Leuten. „Wir werden gesundheitliche Risiken eingehen und deshalb werdet ihr eine Erlaubnis von euren Eltern und von einem Arzt brauchen, Außerdem braucht ihr ein Empfehlungsschreiben von eurem Seelsorger. Aber ihr werdet Gelegenheit haben, das Leben anderer Menschen wesentlich zu beeinflussen." Wir erklärten, daß sie die 160 Dollar selbst aufbringen müßten, genau wie Dar und ich, und daß sie nur arbeiten würden, keine Freizeit für touristische Zwecke und kein Taschengeld haben würden, das uns „reicher" als die Inselbewohner machen würde. „Es darf auch keine Verabredungen zwischen Jungen und Mädchen geben, während wir im Einsatz sind", sagte ich.

Je härter wir die Bedingungen machten, desto mehr Freiwillige meldeten sich.

Als der 1. Juli sich näherte, beteten wir noch inbrünstiger, daß Gott uns zu den richtigen Leuten führen möge. Manchmal wurden unsere Gebete auf ganz deutliche Weise erhört. Wir waren in Colorado, und ich sprach zu Hunderten von jungen Leuten über unsere Reise, als mir ein Junge besonders auffiel. Er war ungefähr achtzehn Jahre alt, hatte ganz glattes, braunes Haar und beobachtete mich gespannt.

Ich erfuhr später, daß Dar, die mitten in der Menge saß, hörte, wie Gott ihr sagte, einen „Jungen in einem grünen Pullover" anzusprechen und ihn zum Sommerdienst einzuladen. Sobald die Veranstaltung beendet war, ging sie direkt auf jenen Jungen zu — er trug einen grünen Pullover. Sie erzählte ihm, was Gott ihr einige Minuten vorher gesagt hatte. Der Junge war sprachlos. Er schlug sich immer wieder mit der offenen Hand auf die Brust. „Ah, ich... ich habe Gott gerade darum gebeten, daß einer von euch persönlich mit mir reden sollte, wenn er will, daß ich mitmache!“ Er heftete seinen Blick direkt auf Dar und grinste dann. Dar ergriff seine Hand und schüttelte sie heftig. „Wie heißt du?“ fragte sie den Jungen. „Don. Don Stephens.“

Ich fragte mich, welche besondere Rolle dieser Don Stephens bei YWAM einnehmen würde angesichts dieser äußerst ungewöhnlichen Art und Weise, wie wir mit ihm bekannt gemacht wurden.

Auf einer unserer Werbereisen besuchten Dar und ich meine Schwester Jannie am Evangel College. Jannie stellte uns ihren Freund vor, Jimmy Rogers, einen schlanken Jungen aus Oklahoma mit gewelltem Haar. Wir saßen in unserem Motelzimmer in der Nähe vom College und erzählten Jannie und Jimmy von unserem geplanten Sommerdienst. Jannie reagierte spontan. „Das ist genau das, was ich schon immer wollte — etwas *Wichtiges* tun!“ Jimmy war nicht ganz so überschwenglich, aber ich konnte an seinen Fragen erkennen, daß auch er interessiert war. Gut! Mir gefiel dieser junge Mann.

Als der 1. Juli näher kam, bemerkte ich plötzlich, daß Dar und ich das Geld für unsere eigenen Reisekosten nicht hatten — 320 Dollar für uns beide. Und so verkaufte ich meinen VW Käfer. Wir mußten uns nun beeilen, um alles vorzubereiten — wie etwa, die drei gebrauchten Schulbusse zu kaufen. Wir würden sie für die Fahrt von Kalifornien nach Dallas benützen, wo wir weitere Jugendliche abholen würden, und von wo aus wir dann weiter nach Florida fahren würden, um unseren Flug mit Mackey Airlines anzutreten.

Eine Woche vor unserem Flug nach Nassau begannen wir mit unseren drei Schulbussen, die mit Koffern beladen und mit Freiwilligen voll besetzt waren, unsere Fahrt nach Florida. Mein Vater rief mich an, um mir zu sagen, daß Phyllis und Len sich im letzten Moment entschlossen hatten, mitzufahren, um uns bei der Verpflegung der Jugendlichen zu helfen. „Und, mein Sohn", fügte er hinzu, und ich spürte seine Ermutigung und seinen Humor durch die Telefonleitung, „deine Mutter hat wieder ein Wort für dich."

„Was ist es, Vater?"

„Ich soll dich daran erinnern, daß dies entweder Gottes Idee ist oder du verrückt bist. Und Loren..."

„Ja, Vater?"

„Ich bin ganz ihrer Meinung."

Wir lachten beide. Es war jedoch in Wirklichkeit eine ernsthafte Äußerung. Es konnte sein, daß wir den Verstand verloren hatten. Andererseits aber war es möglich, vielleicht möglich, daß wir im Begriff waren, eine Bewegung, die wir selbst kaum verstanden, auszulösen.

KAPITEL 8

Blaue Wasser — stürmische Wasser

Unsere Busse sammelten auf dem Weg durch das Land junge Leute zusammen, bis wir 146 Freiwillige für den Sommer beisammen hatten — einschließlich 16 spanisch sprechender Jugendlicher, deren Ziel die Dominikanische Republik war. Von Miami aus flogen wir nach Nassau. Ich mußte lächeln, als ich die Kolonne von Fahrzeugen hinter uns sah, die die breiten Straßen von Nassau hinunterfuhr: Jugendliche waren in Autos und Kleinbusse gezwängt; andere saßen oben auf Koffern auf einem offenen Lastwagen. Sie waren von vielen verschiedenen Gemeinden aus ganz Nordamerika gekommen. Wir hatten endlich begonnen.

Während der Schulungstage im Evangelistic Temple bemerkte ich zwei junge Männer, die sich besonders nützlich machten. Der eine war Jannies neunzehnjähriger Freund, Jimmy Rogers, (dessen Lebensstil aufgrund des Verbots von Verabredungen bereits eingeschränkt war) und der andere war der achtzehnjährige Don Stephens —der Junge im grünen Pullover von Colorado (dessen Lebensstil in der gleichen Weise eingeschränkt war, da seine blonde Freundin, Deyon, auch dabei war). Ich lernte Don gleich kennen, und er gefiel mir sehr gut. Sein geschmeidiger Körperbau ließ die Abhärtung durch das Leben im Freien an den westlichen Hängen Colorados erkennen. Er sah Dinge, die getan werden mußten, und tat sie ganz einfach. Waren Jimmy und Don mögliche Kandidaten, die eines Tages zu vollzeitigen Mitarbeitern bei YWAM heranwachsen würden?

Als die Schulungszeit vorbei war, bereiteten wir uns für die achtwöchige Arbeit auf den Inseln vor. Wir teilten uns in 25 Gruppen, die jeweils ausschließlich aus Jungen oder Mädchen und im Durchschnitt aus sechs Mitgliedern bestanden und schleusten dann unsere erste Gruppe von vier Jungen zum Hafen, um dort das Postboot zu einer der Inseln zu erreichen. Die Sonne stach auf uns nieder, als wir den Kleinbus ausluden. Die Koffer wurden an Bord des kleinen Bootes gebracht, von dem die Farbe abblätterte und das sich an seinem Ankerplatz auf- und abbewegte. Dann verstauten wir Kartons mit Literatur, einen Campingbrenner und zusammengerollte Schaumgummimatratzen.

Endlich war es Zeit für unsere YWAMer, selbst an Bord zu klettern. Die vier Jungen schüttelten mir einer nach dem anderen mannhaft die Hand und gingen dann polternd über den Landungssteg, um sich auf großen Bananenstauden niederzulassen.

„Wie lange werden Sie brauchen, bis Sie zur Cat Insel kommen?" rief ich dem Kapitän zu.

Er wischte sich die Hände an seiner schmutzigen Uniform ab. „Ich weiß es nicht, *mon*, vielleicht 24 Stunden, wenn das Meer ruhig bleibt!"

Dann stießen sie ab; die Jungen auf den Bananen lachten und winkten uns zu. Ich winkte zurück.

Es gab noch 24 weitere Gruppen, die auf ihre Boote gebracht werden mußten — nach Andros, das Ziel der Gruppe von Don Stephens; nach Long Island, wo Jimmy Rogers eine Gruppe von siebzehn YWAMern anführen sollte; nach Eleuthera, die Jannies Gruppe zugeteilt worden war; nach Grand Bahama, wohin Don Stephens' blonde Freundin eine Gruppe führte. Wir hatten sechs Wochen Zeit, um zu jedem einzelnen Bewohner der dreißig Inseln über Jesus Christus zu sprechen, und wollten dann anschließend zwei Wochen lang die Häuser in Nassau besuchen.

Nachdem wir die letzte Gruppe verabschiedet hatten, brachen Dar und ich auf, um so viele Gruppen wie möglich auf den Bahamas und in der Dominikanischen Republik zu besuchen. An einem Ort kamen wir mit dem Postboot an, kletterten über den Landungssteg und wurden von sechs strahlenden Mädchen empfangen. Sie halfen uns mit unserem Gepäck und Schlafsäcken und brachten uns zu ihrem „Heim“, einem alten, aus Holz gebauten Schulhaus, dessen Fenster mit Hilfe von Stöcken offen gehalten wurden. Ein staubiges Porträt der Königin Elizabeth, das über der zerkratzten Tafel hing, blickte starr auf uns herunter.

„Wie geht es euch Mädchen denn?“ fragte Dar. „Großartig!“ antworteten sie. Sie hatten bereits fast jedes Haus auf der Sandbank besucht und waren besonders über die jungen Leute erfreut, die zu ihren abendlichen Versammlungen im Freien vor dem Laden kamen. „Es ist der einzige Ort mit einem Stromerzeuger, wo wir Licht haben können.“

Auf unserer nächsten Station hörten wir ähnliche Berichte. Die Jugendlichen waren in der Tat sehr gute Evangelisten. Während Dar und ich von einer Insel zur anderen reisten, nahm unsere freudige Begeisterung ständig zu. Ich wollte die Einzelheiten im Gedächtnis behalten, besonders für mein Gespräch mit den verantwortlichen Leitern in Springfield.

— An einem Ort entschloß sich der Besitzer einer Bar, Christus zu folgen, und bot seine Bar zum Verkauf an.

— Ein alter Mann mit einem gelähmten Arm streckte seinen Arm aus; er wurde geheilt. Die Achtzehnjährige, die für ihn betete, war so überrascht, daß sie ohnmächtig wurde.

— Eine Frau, die fast völlig blind gewesen war, konnte zum ersten Mal in ihrem Leben lesen.

— Ein Mann mit einem schmerzenden steifen Rücken beugte sich vor und berührte lachend seine Zehen.

— Eine Gruppe von Jungen nahm einen alten Fischer in Dienst, damit er sie in einem kleinen Boot auf eine Insel brächte, obwohl das Meer stürmisch war. Die Jungen beteten und das weißschäumende Wasser glättete sich vor ihren Augen. Der in höchstes Erstaunen versetzte Mann rannte vor ihnen her, als sie landeten und rief die Leute auf, die jungen „Männer Gottes" zu hören.

Dar und ich gingen mit den Gruppen zu den Häusern der Inselbewohner. In einem Haus saß ich auf einem wackligen Stuhl und schaute zu, wie mein Partner, ein Teenager, mit einer Frau betete. Die Risse in der Hüttenwand waren so breit, daß ich nach draußen auf die staubige Straße blicken konnte. Die Frau übergab ihr Leben Jesus Christus, was der Zweck unseres Besuchs war. Aber was mich fast ebenso erregte, war das Licht der Begeisterung, das ich in den Augen des Teenagers sah, als er der Frau ihre allererste Bibel überreichte und versprach, für sie und ihre Familie zu beten. Als wir diese Hütte mit den breiten Rissen in der Wand verließen, wußte ich, daß weder die Frau noch der Junge jemals wieder dieselben sein würden.

Die sechs Wochen vergingen sehr schnell, und die 130 jungen Leute bestiegen die Postboote, um nach Nassau zurückzukehren und die letzten zwei Wochen dort in der Hauptstadt zu verbringen.

Wir waren in einer alten Flugzeughalle der Royal Air Force am Rande der Stadt untergebracht. Die baufällige Halle stand neben den rissigen betonierten Landebahnen, die während des Zweiten Weltkriegs benutzt worden waren. Zur linken Seite des dunklen Eingangs befanden sich Zimmer für die Mädchen; die der Jungen waren zur rechten Seite. Dar und ich fanden ein Zimmer für uns, das gleichzeitig als kleiner Lagerraum diente. Wir stellten die Campingbrenner in eine Reihe, und Jannie und Deyon standen bald jeden Morgen um fünf Uhr auf, um das Frühstück zu organisieren.

Während wir uns auf unsere letzten Tage in Nassau vorbereiteten, warfen wir einen Blick auf die Aufzeichnungen, welche die Jugendlichen über ihre Arbeit geführt hatten. Etwa 6.000 Menschen hatten ihr Interesse bekundet, Christus nachzufolgen. Zwei neue christliche Gemeinschaften waren als Ergebnis der Anstrengungen der jungen Leute entstanden. Aber die besten Ergebnisse waren nicht in Statistiken, sondern in Erfahrung enthalten. Wie etwa, als zwei unserer Jugendlichen einen Mann anhielten, der gerade in eine Bar gehen wollte und die Hand in der Tasche seiner Sportjacke hatte. Er blieb stehen und hörte ihnen zu, dann brach er plötzlich in Tränen aus und übergab Jesus Christus sein Leben. Dann zeigte er den Jugendlichen, was er in der Tasche hatte — eine Pistole. Er war auf dem Weg in die Bar gewesen, um seine Frau umzubringen. Stattdessen gingen die Jugendlichen und der Mann in diese Bar, fanden seine Frau und brachten auch sie zum Glauben an Christus. Der Mann und seine Frau begannen, sich einer der örtlichen Gemeinden anzuschließen.

Wir hatten geplant, eine Massenkundgebung für ganz Nassau im eigentlichen Stadtkern durchzuführen, bevor wir zurück auf das Festland flogen. Wir begannen mit den Veranstaltungen und fuhren gleichzeitig fort, die Häuser in der Stadt zu besuchen, aber ich fragte mich an jedem neuen Tag, ob wir wohl den Sommer zu einem Abschluß bringen würden. Ich begann, besorgt zum Horizont zu blicken, wo sich bedrohliche Wolken zusammenballten. In den Wetterberichen wurden tropische Tiefdruckgebiete angekündigt, die gefährliches Wetter mit sich bringen können. Und dann fing es an. Jeden Abend (immer am *Ende* unserer Kundgebungen) öffnete sich der Himmel, und es goß in Strömen. Die Jugendlichen wurden auf einem offenen Lastwagen zur Flugzeughalle zurückgebracht. Sie waren völlig durchnäßt, aber sie waren glücklich und sangen laut, wenn sie nicht gerade niesen mußten.

Ich war mir der möglichen Gefahr bewußt, im Gegensatz zu den jungen Leuten. Ich sah mich in der baufälligen Flugzeughalle um, in die das Wasser nun an mehreren Stellen eindrang.

Welch eine Einführung in die Evangelisationsarbeit diese jungen Leute bekamen! Es war ein Alptraum, und es wurde immer schlimmer. Am 22. August hörte ich, daß sich der erste große Wirbelsturm der Jahreszeit — Cleo —über dem Atlantik zusammenbraute. Ich eilte zum Wetteramt und sprach dort mit dem verantwortlichen Meteorologen. „Mein Herr", sagte er, „wenn es irgendeine Möglichkeit gäbe, meine Familie rechtzeitig in Sicherheit zu bringen, so würde ich es auf jeden Fall tun." Der Sturm war über die französischen Westindischen Inseln hinweggefegt, dann über Haiti und die Dominikanische Republik, wo (wir hielten einen Dankgottesdienst, als wir die Nachricht erhielten) alle sechzehn unserer spanisch sprechenden Jugendlichen in Sicherheit waren. Der Wirbelsturm war nun in Kuba und könnte direkt nach Nassau kommen!

Ich eilte zurück, um die Flugzeughalle zu evakuieren; wir transportierten alle Jugendlichen zum soliden, tiefliegenden Betonbau des Evangelistic Temple. Die Mädchen legten die Kellerräume mit Schaumgummimatratzen aus; die Jungen schliefen zwischen den Bänken im Kirchenraum. Dar und ich quartierten uns in dem kleinen Bürozimmer ein.

Und dann warteten wir.

Draußen heulte der Wind, und der Regen schlug gegen die fest verschlossenen Dachfenster. Wir versammelten uns im Kirchenraum und begannen zu beten. Wir beteten nicht so sehr für uns selbst, denn wir fühlten uns sicher, sondern vielmehr für die Menschen, die wir in den Barackensiedlungen in den Elendsvierteln von Nassau getroffen hatten, und für die Menschen, die in verlassenen Häusern wohnten, welche wir in vielen Dörfern auf den Inseln gesehen hatten. Ich erinnerte mich besonders an die Hütte, wo ich durch die Risse in der Wand auf die Straße hinaussehen konnte.

In jener Nacht, während wir dort in der Kirche warteten und der Sturm auf der Insel tobte, wurde mir bewußt, daß viele von uns in der Gefahr stehen, einen wichtigen Teil der Evangeliumsbotschaft nicht genügend zu beachten. Jesus sagte, zwei Dinge seien wichtig für uns zu tun. Wir sollen Gott mit ganzem Herzen, ganzer Seele, allem Verstand und ganzer Kraft lieben — Menschen dies zu lehren, das *ist* Evangelisation. Das andere Gebot lautet, unseren Nächsten zu lieben wie uns selbst —für andere Menschen zu sorgen, soweit es in unserer Kraft steht. Dies waren zwei Seiten desselben Evangeliums: Gott zu lieben und unseren Nächsten zu lieben. Diese beiden Aspekte sollten fast nicht zu unterscheiden sein — sie sollten so eng verbunden sein, daß es schwer wäre, sie auseinanderzuhalten.

Mein Herz klopfte mit dem tobenden Wind und Regen. Ich fühlte, wie ein ganz neues Konzept von Missionsarbeit Gestalt gewann — die Verbindung von Evangelisation und Taten der Barmherzigkeit.

Am nächsten Tag lief ein halber Meter tiefer Wasserstrom die Bay Street, Nassaus Hauptverkehrsstraße, hinunter, aber wir waren der vollen Auswirkung des Sturmes entgangen. Darlene und ich waren in unserem kleinen Bürozimmer, das zu unserem Schlafzimmer geworden war, als ein untersetzter junger Freiwilliger mit einem Bericht hereinkam.

„Ich habe gerade am Radio gehört, Loren, daß Wirbelstrum Cleo mindestens 138 Menschenleben gefordert hat. Hunderte wurden verletzt und Tausende sind obdachlos!"

Ich sah Dar an und wußte, daß auch sie an die Barakkensiedlungen dachte und an die Menschen, die wir auf den primitiven Inseln getroffen hatten. „Laßt uns beten", schlug ich vor. Darlene und ich und der junge YWAMer beugten unser Haupt und beteten für die Menschen, die das bißchen, was sie besaßen, verloren hatten; für die Obdachlosen und für diejenigen, die ihre Familie verloren hatten.

„Ich wünschte nur, wir könnten etwas *tun*", sagte ich. „Wenn wir nur Nahrungsmittel, Kleidung und Baumaterial hierher bringen könnten — unsere jungen Männer könnten sogar helfen, Häuser wieder aufzubauen. Aber um so viele Menschen zu unterstützen, um so viele Tonnen Versorgungsmittel zu handhaben, bräuchten wir ein Schiff."

Während ich sprach, begann ein Gedanke in mir Gestalt anzunehmen.

Das wäre eine großartige Sache! Ein Schiff zu haben, um überall dorthin zu gehen, wo eine wirkliche Not besteht. Ein Schiff voll junger Leute, die Menschen auf praktische Art helfen *und* ihnen von Jesus Christus als der letztendlichen Antwort auf ihre Probleme erzählen können.

Aber das war ein Wunschtraum, oder etwa nicht? Momentan konnten wir jedenfalls nicht viel tun, da wir kurz vor unserer Abreise standen.

Es war enttäuschend. Wir halfen, die Kirche zu reinigen und packten dann unsere Sachen, um nach Hause zurückzukehren. Während wir dies taten, wußte ich jedoch, daß etwas in meinen Geist gepflanzt worden war. Wir Christen mußten, so wie Jesus es getan hatte, uns der Bereiche im Leben der Menschen annehmen, in denen sie *fühlten*, daß sie litten. Wir vernachlässigen allzuoft diesen Ausdruck Gottes liebevoller Fürsorge.

Ja, es war durch den Wirbelsturm Cleo in der Tat etwas in meinen Geist gesät worden. Ich fragte mich, wie lange es dauern würde, bevor dieser Samen keimen würde.

Die acht Wochen des Sommerdienstes waren vorbei.

Wir brachten die Jugendlichen zum Flugzeug nach Miami. Sie hatten eine großartige Arbeit geleistet. Wir waren der Gefahr manchmal nur mit knapper Not entronnen, aber alle waren wohlauf. Endlich war es auch für uns an der Zeit, nach Hause zu fahren. Wir waren völlig erschöpft, als wir zum Flughafen fuhren, aber wir wußten, wußten wirklich, daß dies Gottes Idee gewesen war.

Wellen junger Leute waren hinausgegangen. Wir waren unserem Ziel sehr nahe gekommen, jeden Menschen auf den dreißig Inseln zu erreichen und mit vielen Hunderten von Menschen in Nassau Kontakt aufzunehmen. Ich konnte es kaum erwarten, den Verantwortlichen in Springfield Bericht zu erstatten.

Dar und ich eilten zurück nach Hause, und wir waren völlig unvorbereitet auf den kühlen Empfang, der uns dort erwartete.

KAPITEL 9

Der Schlüssel für „Freisetzungen"

Darlene und ich fuhren mit unserem Volkswagenbus vom Haus meiner Eltern ab, wo wir bisher gelebt hatten, und steuerten unser Auto nach Osten in Richtung Springfield. Das Wetter im späten November war wahrscheinlich nicht sehr günstig für unsere Fahrt nach Missouri, aber es konnte nicht schlimmer sein, als unsere Erfahrung mit dem Wirbelsturm Cleo. Dar und ich hatten sehr gemischte Gefühle, als wir an jenem Morgen das Haus meiner Eltern verließen. Wir waren über die Nachricht von Tante Sandra traurig: einige Tage zuvor hatten wir erfahren, daß sie Krebs hatte. Wir riefen sie alle sogleich telefonisch an, um sie wissen zu lassen, daß wir für sie beteten. Wie froh war ich jetzt, daß ich mich acht Jahre zuvor entschlossen hatte, zu versuchen, mit den Verwandten wieder Kontakt aufzunehmen, als ich auf jener Gesangsreise in Miami war.

Das bevorstehende Gespräch mit dem Superintendenten der Assemblies of God, Thomas Zimmerman, versetzte uns in eine freudigere Stimmung. Ich konnte mir so richtig seine Freude vorstellen, wenn wir ihm in Umrissen darstellen würden, was wir entdeckt hatten: daß die Gemeinde Jesu in der Tat junge Leute für effektive Evangelisationsarbeit gebrauchen konnte. Unser Traum war, wirkliche Arbeit zu leisten. Wir hatten YWAM für alle Konfessionen zugänglich gemacht, aber wir wollten immer noch im Rahmen der Assemblies bleiben.

Wir waren ohne Unterbrechung durchgefahren. Darlene war sehr müde und blieb im Motelzimmer, das wir in der Nähe von Jannies College gemietet hatten, so daß wir uns mit ihr und Jimmy später treffen konnten. „Später ist noch genug Zeit, um mit den Leuten in der Hauptgeschäftsstelle zusammenzukommen, Schatz", sagte Dar.

So war ich allein, als ich mit großen Schritten die marmorne Vorhalle durchquerte und auf den Fahrstuhlknopf zum dritten Stock drückte. Ich betrat den lautlosen, mit Teppichen ausgelegten Bürotrakt der Verantwortlichen. Diese Männer hatten sich alle in ihrer Jugend geopfert und als Pastoren von Gemeinden gedient, wie etwa derjenigen, die sich während der frühen Jahre meiner Familie in einer Schmiedewerkstatt traf. Sie würden deshalb für Pionierarbeit offen sein. Berichte von den Bahamas würden sie inzwischen erreicht haben. Sie würden bereits wissen, welch großartige Arbeit die Jugendlichen geleistet hatten.

Die Sekretärin führte mich in das Büro des Superintendenten. „Guten Tag, Bruder Zimmerman ..." *Bruder* war in unserer Konfession eine besonders respektvolle Anrede, die die Tatsache unterstreichen sollte, daß wir in Gottes Familie Brüder und Schwestern sind. Bruder Zimmerman schüttelte mir herzlich die Hand, setzte sich dann und blickte mich von seinem Schreibtisch aus an. Er habe in der Tat von dem Experiment auf den Bahama-Inseln gehört. Wenn ich jedoch erwartete, eine schnelle Bewilligung und eine unbeschränkte Vollmacht zu bekommen, überkonfessionell zu arbeiten und dennoch meinen Stand als Geistlicher in meiner Kirche aufrechtzuerhalten, so hatte ich mich getäuscht. Das Problem war, so schloß ich aus unserem Gespräch, daß neue Arbeiten wie unsere in den institutionellen Rahmen eingegliedert werden mußten und nicht außerhalb davon und eigenständig bestehen konnten. Es gäbe bei den Assemblies eine Aufgabe für mich, ich müßte mich jedoch an die Spielregeln halten. Schließlich wurde mir eine Stellung angeboten. Es war noch dazu eine gute Stellung in der Hauptgeschäftsstelle, mit einem guten Gehalt, Mitarbeitern und einem Haushaltsplan. „Du könntest deine Vision weiterverfolgen, Loren, aber du würdest eine kleinere Zahl junger Leute beaufsichtigen — sagen wir zehn oder zwanzig im Jahr."

Mir sank der Mut, als mir dieses freundliche Angebot gemacht wurde; es klang so vernünftig, so sicher. Das Problem war nur, daß es weit von dem entfernt war, wozu ich mich von Gott berufen glaubte: die Aussendung von Wellen junger Leute aus allen Konfessionen zur Evangelisation. Ich versuchte zu erklären, was Gott mir über das, was geschehen sollte, zu sagen schien. Es würde viel, viel mehr als zwanzig Jugendliche pro Jahr und mehr als nur eine Konfession umfassen. „Mein Herr", sagte ich, „eine neue Generation ist im Aufbruch. Sie unterscheidet sich von allem, was wir bisher gesehen haben."

Ich stockte, denn ich merkte, wie töricht meine Worte klangen. Bruder Zimmerman versicherte mir, er habe Jahrzehnte lang mit jungen Leuten gearbeitet und er kenne sie sehr gut. Als er seine Bedenken über meinen Plan zu erklären versuchte, konnte ich in der Tat sein Dilemma erkennen. Wenn ich seine Verantwortung hätte, eine große Organisation zu leiten, würde ich Leute brauchen, die sich unterordnen, Leute, die bereit sind, sich zum Wohl der Gesamtheit an die Spielregeln zu halten. Aber hier war nun ich, der einen anderen Trommelschlag hörte und aus der Reihe tanzte. Bruder Zimmerman gab dies auch mehr oder weniger zu verstehen. Es tue ihm leid, aber ich würde die Mannschaft verlassen müssen — zurücktreten — wenn ich nicht nach den Regeln spielen könne.

„Gott, bist Du das wirklich?" fragte ich mich schnell. Und ich glaubte als Antwort zu hören, daß es in der Tat seine Führung war. Ich wußte, was ich zu tun hatte. Wenn ich wirklich *sicher* war, daß Gott mir etwas sagte, so mußte ich gehorchen und die Folgen auf mich nehmen. Bruder Zimmerman stimmte mir zu, aber auch er hatte keine andere Wahl.

Ich reichte Bruder Zimmerman die Hand, dankte ihm und ging langsam und schweren Schrittes zurück zum Aufzug, durch die marmorne Vorhalle und zur Tür hinaus. Als ich so zur Tür hinausging, war ich mir bewußt, daß es für immer sein würde. Ich war innerlich aufgewühlt und verwirrt über das, was geschehen war.

Es war sehr ernüchternd, als ich zurück ins Motelzimmer kam. Jimmy und Jannie waren vorbeigekommen. Als wir darüber sprachen, was geschehen war, wurde uns das Ausmaß meines Entschlusses bewußt.

„Die Leute werden denken, ich wurde aus der Organisation ausgeschlossen“, sagte ich.

„Und Predigern wird normalerweise die Amtserlaubnis nicht entzogen, es sei denn, sie haben eine Affäre, stehlen Geld aus der Gemeindekasse oder predigen eine falsche Lehre!“ erklärte Jannie.

„Am meisten graut es mir davor, es meiner Familie zu sagen“, sagte Dar. Mir sank das Herz noch tiefer. Ich betrachtete Jimmy, der sich in seinem Stuhl vorneigte, das Kinn in die Hand gestützt. Ich wußte, auch er dachte an seine eigenen Eltern.

Einen langen Augenblick lang saßen wir nur so da, in völliger Stille. In Gedanken überflog ich immer wieder, was geschehen war. Ich preßte die Lippen zusammen. Ich war verpflichtet, mich nicht aufzulehnen, aber der Groll begann in mir zu keimen.

Als wir zurück nach Kalifornien kamen, hatte sich die Neuigkeit bereits herumgesprochen. Ich war kein Geistlicher bei den Assemblies of God mehr. Es war nicht leicht für Darlene und mich; es war nicht leicht für unsere Familien. Aber ich wußte, daß ich das Richtige getan hatte. Seit dem Tag, da ich als Dreizehnjähriger meine erste Predigt über Prüfungen gehalten hatte, war ich diesen Herausforderungen gegenübergestanden. Ich hatte das Angebot möglichen Reichtums von Tante Sandra abgelehnt; ich hatte den Ruf, den ich in meiner Konfession besaß, aufgegeben und mich entschlossen, einer risikoreichen und anmaßend klingenden Berufung, Wellen junger Missionare hinauszusenden, zu folgen. Nachdem Jesus in der Wüste versucht worden war, wurde sein Dienst freigesetzt. Nun freute ich mich auf die Zukunft. Es schien, als ob wir auf der Startrampe standen und auf den Abflug warteten.

Etwa acht Monate nach unserem Erlebnis auf den Bahamas kündigte sich ein Ereignis an, das einen seltsamen, bittersüßen Beigeschmack hatte: Tante Sandra lag im Sterben.

Ich reiste zurück in den Osten, nur um sie nach ihrer Operation zu besuchen. Als sie mich am Providence Flughafen abholte, schien es mir unmöglich, daß sie bösartigen Brustkrebs hatte. Ihr Gesicht war zwar blasser und dünner, aber immer noch schön. Ihr Haar war sorgfältig frisiert, ihre Hände waren fehlerlos manikürt. Sie trug ein gelbes Kostüm, und die Entstellung durch die Operation war nicht zu entdecken.

„Loren, mein Liebling!" Sie küßte mich auf die Wange, nahm mich am Arm und führte mich zu ihrem Wagen. Während wir die Straßen von Providence entlangfuhren, an denen die Bäume in hellem Grün neu zu sprießen begannen, erzählte ich ihr vom gegenwärtigen Stand der Ereignisse und von unseren Zukunftsplänen.

„Und wie geht es dir, Tante Sandra?"

Tante Sandra lehnte sich zurück. „Ich gehe jetzt in diese Kirche, Loren. Ich möchte sie dir morgen gerne zeigen, falls wir Zeit haben."

Ich wollte sie sehr gerne sehen. Am nächsten Tag hielten Tante Sandra und ich vor einer Baptistenkirche, die im Kolonialstil aus Backsteinen erbaut war, mit Säulen an der Vorderseite. Die großen Doppeltüren waren unverschlossen, und wir betraten den lautlosen, kühlen Raum. Der Lichtschein von den hohen Fenstern fiel auf die leeren Bänke. Tante Sandra zeigte zum Chor hinauf. „Ich singe jetzt im Chor, Loren. Es hilft mir, wenn ich das Gefühl habe, etwas für die Gemeinde zu tun."

Ich bemerkte, daß sie nicht gesagt hatte, sie singe für den Herrn. Ich wußte, daß es Zeit war, etwas sehr Wichtiges zu tun. Meine Tante war am Sterben, und sie versuchte zu tun, was recht war. Ich mußte ihr erklären, wie sie Vergebung für ihre Sünden empfangen konnte — wie sie zu Jesus Christus kommen konnte.

Wir schlüpften in eine der hinteren Bänke, und ich begann einfach zu sprechen. „Tante Sandra, würdest du nicht gerne Jesus Christus dein Leben übergeben?"

„Oh ja, Loren!" sagte sie mit Tränen in den Augen.

Ich sprach die Sätze eines einfachen Gebets. Tante Sandra sprach die Worte nach und übergab sich so Gott und seiner Fürsorge.

„Lieber Herr Jesus, ich nehme Dich als meinen Herrn und Heiland an. Komm jetzt bitte in mein Leben und vergib mir meine Sünden."

Ich verabschiedete mich von ihr, und irgendwie wußte ich, dies war das letzte Mal, daß ich sie in dieser Welt sah.

Es war nicht leicht, die Arbeit bei YWAM wieder mit vollem Schwung aufzunehmen, teilweise deshalb, weil ich oft an meine Tante denken mußte, aber teilweise auch, weil ich — wie ich gestehen mußte — nach meinem Besuch in Springfield mein Gleichgewicht verloren zu haben schien. Wir waren jetzt völlig auf uns selbst gestellt, ohne die Unterstützung einer Kirche. Wenn ich in die Zukunft blickte, so konnte ich nicht erraten, daß die Startrampe, die wir suchten, in einem winzigen Land zu finden sein würde, das auf der anderen Seite der Erde lag und Neuseeland hieß.

Es war Januar, aber es war Sommerzeit auf der südlichen Erdhalbkugel, und die Sonne brannte auf uns hernieder, als das kleine Wasserflugzeug mein Ziel anflog, einen wilden Campingplatz auf einer Insel vor der Küste Neuseelands. Ich überflog in Gedanken die letzten sechs Jahre seit dem Beginn von YWAM. Während unserer ersten Versuchsjahre waren zweiundzwanzig freiwillige Entwicklungshelfer auf das Missionsfeld hinausgegangen; dann sah ich, wie ein Teil meines größeren Traumes sich verwirklichte, als 146 junge Leute zu den Bahamas und der Dominikanischen Republik reisten. In jedem darauffolgenden Jahr gingen weitere Freiwillige während der Schulferien hinaus. Die Wellen wurden allmählich größer, als wir Jugendliche nach Westindien, Samoa und Hawaii, Mexiko und Mittelamerika schickten. Aber irgend etwas schien immer noch zu fehlen. „Warum haben wir so wenige Mitarbeiter?" fragte ich Darlene, bevor ich mich von ihr verabschiedete, um diese Reise anzutreten. Viereinhalb Jahre nach unserer Hochzeit hatten wir jeden Sommer Hunderte von kurzfristig mitarbeitenden Freiwilligen, aber außer Dar und mir hatten wir nur acht vollzeitige Mitarbeiter. Ich sehnte mich danach, etwas zu sehen, das ich nur als *Freisetzung* bezeichnen konnte — einen greifbaren Beweis dafür, daß Gott Urheber dieses Traumes war. Vielleicht würde Neuseeland die Antwort bringen.

Unser Wasserflugzeug kreiste nun über dem glitzernden Meer, senkte sich über eine kleine felsige Bucht der Insel Great Barrier vor Neuseeland. Der abseits gelegene Campingplatz, der sich am Ufer entlangstreckte und am Fuße von steilen, dünn mit Fichten bewachsenen Hügeln lag, bestand aus einigen alten Gebäuden, einem großen geflickten Versammlungszelt und einigen kleineren Schlafzelten. Wir planten, in diesem christlichen Zeltlager junge Leute für evangelistische Einsätze mit YWAM im Süd-Pazifik zu gewinnen und vorzubereiten.

Unser Flugzeug berührte leicht das Wasser und verursachte so einen spektakulären Sprühregen, der mir die Aussicht nahm. Jannie und Jimmy, seit fünf Monaten verheiratet, waren vor mir auf die Insel gekommen und warteten nun auf mich. Sie holten mich am felsigen Küstenstrand ab. Sie wurden von einem Ehepaar, Anfang der Vierzig, begleitet, das mir sogleich sympathisch war. Jim Dawson war ein städtischer Geschäftsmann, der für das Zeltlager mit kurzen Hosen und Sandalen bekleidet war. Seine Frau war sehr warmherzig und redete unablässig, während sie mich zu meinem Quartier brachten. Für meinen zweiwöchigen Aufenthalt wurde mir eines der „Luxuszimmer" in einer Reihe von Walfängerhütten zur Verfügung gestellt.

Etwa 150 Jugendliche nahmen an dem Zeltlager teil, und wir erzählten ihnen von unserer neuen Idee, mit jungen Leuten auf das Missionsfeld hinauszugehen. Wir hatten vor, zwei Wochen hier auf Great Barrier zu verbringen und dann eine Woche lang Hausbesuche in einem Viertel der neuseeländischen Stadt Auckland zu machen. Danach, so hofften wir, würde uns ein Teil der Jugendlichen in den Süd-Pazifik folgen.

Ich war als Sprecher gekommen, aber es stellte sich heraus, daß ich derjenige war, der auf dieser abseits gelegenen Insel mit neuen Gedanken konfrontiert wurde. Der erste Gedanke stammte von den Jugendlichen von Neuseeland selbst. Sie übten sich in einem Verfahren, das zur Erkenntnis der Führung Gottes diente und meine Neugier erregte. Es wurde ihnen ein Kapitel und ein Vers aus der Bibel „gegeben", ohne daß sie den Inhalt der Stelle kannten; dann erwogen sie, ob diese Schriftstelle eine besondere Führung Gottes war oder nicht. „Es ist überraschend, wie oft Gott dies als Mittel gebraucht, um zu uns zu reden", erklärten sie nachdrücklich. Der Schlüssel sei, so sagten sie, sich völlig dem Geist Jesu zu unterwerfen. Wenn er zu uns reden wolle, so könne er jegliches Mittel gebrauchen, einschließlich dieses recht geheimnisvollen.

Ich traf auf andere Überraschungen, als ich zum Gebet mit den Leitern des Zeltlagers eingeladen wurde. Wir waren zu fünft, einschließlich des Lagerleiters und Jim und Joy Dawson. Vier von uns waren als Redner vorgesehen, Joy eingeschlossen, aber heute wollten wir über die *Reihenfolge* der Redner beten. Ich erwartete eine Zeit des allgemeinen Gebets und dann eine Besprechung. Stattdessen erklärte einer der Anwesenden mir als Neuling, daß sie bei dieser Art von praktischem Gebet um Führung Gottes bitten würden, jedem einzelnen persönlich genau das gleiche zu sagen. Ich versuchte, mein Erstaunen zu verbergen.

Nun gut, dachte ich verwirrt, *sehen wir einmal, was geschieht. Wer soll heute der Redner sein, Herr?*

Ich neigte zusammen mit den anderen den Kopf zum Gebet und fragte Gott. Ich muß gestehen, daß mir einige nicht so geistliche Gedanken durch den Sinn gingen. *Was geschieht, wenn ich der einzige bin, der überhaupt nichts hört? Oder was, wenn ich einen absurden Gedanken habe?* Die anderen waren jedoch erfahrene Christen, und sie erwarteten durchaus, daß Gott zu jedem einzelnen reden und jedem die gleiche Antwort geben würde. Und so beschloß ich, Gott ebenfalls zu vertrauen. Ich lehnte mich in meinem Klappstuhl zurück; innerlich war ich jedoch aufs Höchste gespannt und konnte kaum erwarten, was geschehen würde.

Dann sagte die mir bekannte Stimme in meinem Innern einen Namen — den Namen eines der vier, die um mich herum saßen.

„Nun“, sagte der Lagerleiter, „sind alle bereit?“ Einer nach dem anderen sprachen wir den Namen aus, der uns in den Sinn gekommen war. Jeder von uns hatte das gleiche gehört! Fünf verschiedene Leute, aber jeder hatte die gleiche Antwort. Ein leichter Wind wehte durch ein offenes Fenster und verstärkte das Zittern der Erregung, das ich innerlich spürte.

Jeden Tag erhielten wir nun auf die gleiche Weise eine besondere Führung Gottes. Ich war fasziniert. Die anderen vier Leiter hatten seit Jahren auf diese Art und Weise gebetet. Aber ich hatte das Gefühl, daß wir zur gleichen Gruppe gehörten. Ich hatte wirklich ein Gefühl der Zugehörigkeit.

Dann schien eines Tages unser Gebetsplan nicht zu funktionieren. Wir hatten uns im Freien getroffen, um den Sonnenschein zu genießen, während wir den Tagesplan besprachen. Aber diesmal, als wir beteten, glaubten einige, daß ich der Sprecher sein sollte, während andere glaubten, Joy Dawson sollte es sein.

Ich war neugierig und wollte gern wissen, was falsch gelaufen war. Offensichtlich hat jemand nicht richtig gehört, dachte ich.

„Es scheint erforderlich zu sein, daß wir nochmals im Gebet zum Herrn gehen", stellte Joy trocken fest. Sie erzählte uns, daß sie und Jim die Erfahrung gemacht hatten, daß dies manchmal geschieht und es dann notwendig ist, Gott zu fragen, ob es einen anderen Faktor gibt, den wir nicht verstehen. Und so beugten wir unsere Köpfe zur „zweiten Runde" und baten Gott um eine Aufklärung. Daraufhin wurde es jedem von uns klar — es war nicht Loren *oder* Joy, sondern *beide*. Zuerst Joy, dann ich. Das ist wirklich erstaunlich, dachte ich bei mir. Es war ähnlich wie bei den drei Weisen aus dem Morgenland. Jeder einzelne von ihnen folgte dem Stern — seiner persönlichen Erkenntnis der Weisung Gottes — und als sie dies taten, trafen sie zusammen und wurden zu Jesus geführt.

Es war Zeit zur Abreise, um in Auckland mit der Haus-zu-Haus-Arbeit zu beginnen. Es gab viel zu tun, um uns auf das besondere Wochenende, das vor uns lag, vorzubereiten. Ich spürte die gleiche Aufregung, die ich zur

Examenszeit an der Universität von Southern California zu spüren pflegte. Und ich wußte, wie wenig Zeit ich für die Arbeit hatte, die zu tun war.

Ich war immer noch auf der Ausschau nach den *Freisetzungen*,auf die wir gewartet hatten. Vielleicht würde ich in Auckland etwas lernen — Geheimnisse der Führung Gottes, die ich noch nicht verstand — um diese Freisetzungen zu bewirken, um die Wellen zu bilden.

„Vater“, betete ich, während unser kleines Fährboot die Great Barrier Insel verließ, um die lange Reise nach Auckland anzutreten, „ich versuche zu lernen, Deine Stimme zu hören. Bitte hilf mir, den nächsten Schritt zu sehen, den Du geplant hast.“

Als ich eine Stunde später an der Reling stand und mir der kalte Wasserstaub vom Meer her ins Gesicht sprühte, dachte ich wieder an den Bericht, den ich für meine erste Predigt benützt hatte. Jesus war kurz vor Beginn — vor der Freisetzung — seines irdischen Dienstes in der Wüste gewesen, um zu fasten und zu beten. Ich sah in dieser Geschichte aus dem Leben Jesu ein Muster, aber ich versuchte, diesen Gedanken beiseite zu schieben. Könnte es sein, daß Gott von mir verlangte, eine Zeitlang keine Nahrung zu mir zu nehmen und zu beten? Ich begann mich für diesen Gedanken zu öffnen. „Gott, willst Du, daß ich eine Weile faste?“

Sofort vernahm ich die Antwort. „Ja, und ich will, daß du dich sieben Tage lang von anderen Menschen zurückziehst und sogleich nach deiner Ankunft damit beginnst.“

Ich war sprachlos. Es gab soviel zu *tun*! „Habe ich Dich richtig verstanden, Gott?“ fragte ich nochmals. Mich von den anderen zurückzuziehen bedeutete, mich meinen Pflichten zu entziehen und Jim und Jannie die Vorbereitungen für unseren Evangelisations-Feldzug treffen zu lassen, genau das, wofür wir Tausende von Meilen gekommen waren. „Bist Du es wirklich?“ Die einzige Antwort, die ich erhielt, war eine leise Stimme in meinem Herzen, die mir sagte: „Die Dawsons werden dich einladen, bei ihnen zu wohnen. Sag ja dazu."

Nun, es war unwahrscheinlich, daß diese Einladung erfolgen würde, denn die Dawsons wußten, daß ich plante, woanders zu wohnen. Falls sie *wirklich* erfolgte, würde ich Gottes Hand deutlicher erkennen. Ich wüßte, daß ich wirklich fasten und beten sollte. Selbst wenn dies bedeutete, Jim und Jannie „ungerechterweise" die Arbeit zu überlassen.

Ich redete mit niemandem darüber, sondern wartete nur, um zu sehen, was geschehen würde. Das Meer und der Himmel verdunkelten sich im Abendlicht.

Dann, gerade als die Lichter von Auckland am Horizont aufzuleuchten begannen, stellte sich Jim Dawson neben mich an die Reling. Ich hielt den Atem an, als Jim zu sprechen begann. Er schien zu zögern. „Hm, Loren, hm, ich weiß, daß du vorhast, bei anderen Freunden zu wohnen, aber Joy und ich, nun, wir glauben, etwas vom Herrn gehört zu haben. Möchtest du bei uns wohnen?"

KAPITEL 10

Sich Gott mit reinem Herzen nähern

Ich blickte mich im zweistöckigen Haus der Dawsons um. Es war im skandinavischen Stil gebaut und gewährte eine atemberaubende Aussicht auf den Hafen.

Jim führte mich ins untere Geschoß zu ihrem Gästezimmer. Es war einfach möbliert, bequem und abgeschlossen, mit separatem Außeneingang. Ich erinnerte mich an die Worte Gottes, daß ich mich „von Menschen zurückziehen" sollte. Ich rief Jimmy und Jannie an und teilte ihnen die schlechte Nachricht mit, daß ich eine Woche lang bei der Arbeit nicht mithelfen könnte.

„Nun, du mußt das tun, was du als richtig empfindest, Loren", sagte Jimmy mit seinem ausgeprägten Oklahoma Akzent. Ich konnte mir seine Gedanken vorstellen. *Was soll das heißen, wir werden dich sieben Tage lang nicht sehen? Du willst fasten, während wir die ganze Arbeit tun?* Aber Jimmy sagte nichts dergleichen. Er war viel zu loyal. Das machte die ganze Sache noch schlimmer.

Als ich den Hörer aufgelegt hatte, kniete ich mich auf dem grünen Teppich neben meinem Bett nieder. Ja, das war genau das, was ich tun sollte: Beten. In einer bis jetzt noch unverständlichen Weise war diese Zeit innerlicher Einkehr für die Arbeit selbst wichtig. Mein ganzes Leben lang hatte ich von Heiligkeit gehört. Nun, Heiligkeit war wahrscheinlich ein anderer Ausdruck dafür, im Leben die richtigen Prioritäten zu setzen. Und für mich war das Alleinsein mit Gott in dieser Woche *die* Priorität. Ich fragte mich außerdem, ob es in dieser Woche nicht vor allen Dingen um Gottes Führung ging.

Die ersten beiden Tage verliefen ereignislos. Ich kniete nieder und betete, lief im Zimmer umher und betete, setzte mich und betete, streckte mich der Länge nach auf dem Boden aus und betete. Es stand mir außerdem viel freie Zeit zum Bibellesen zur Verfügung. Die meiste Zeit wartete ich jedoch ganz einfach auf Gott. Manchmal sprach Gott ein oder zwei Worte; zu anderen Zeiten erfreuten wir uns einer geselligen Stille.

Erst am dritten Tag meiner Fastenzeit kam der Durchbruch. Der einzige Ausdruck, der mir zur Beschreibung dessen, was geschah, geeignet erscheint, ist, daß es wie ein *chirurgischer Eingriff* war. Es war eine Seelenoperation.

Ich lag mit dem Gesicht nach unten auf dem Teppich und wartete auf Gott. Plötzlich schien ich mit einem scharfen Seziermesser meines Gewissens vorsichtig abgetastet zu werden.

„Erinnerst du dich an Springfield?"

Schneller als ich denken konnte, begannen Herzenseinstellungen an die Oberfläche zu kommen. Kritische Gedanken und Bitterkeit gegenüber den Leitern meiner Kirche, die meine Vision von YWAM mit anderen Augen gesehen hatten als ich sie sah — besonders gegenüber Bruder Thomas Zimmerman. Zwei Jahre lang, nämlich seit ich nach der Erfahrung auf den Bahamas in Springfield Bericht erstattet hatte, hatte ich unter jener Abweisung gelitten, und in meinem Herzen hatte ich angefangen, meine eigenen Wurzeln zu verleugnen.

Ich sah plötzlich, wieviel Zeit ich damit verschwendet hatte, mich selbst und meine Ideen zu verteidigen zu suchen. Diese Zeit ging für die wirkliche Arbeit verloren, die getan werden mußte, um mit Menschen über Jesus Christus zu sprechen.

Weinend bat ich um Vergebung. Von nun an wollte ich wirklich lobend von meinen früheren Leitern sprechen, und für sie und mein geistliches Erbe dankbar sein.

Ich wollte es Gott überlassen, meine Schau zu verteidigen, wenn sie von ihm war. Als ich so auf dem grünen Teppich lag und betete, spürte ich, daß Gott mich erhörte und mir vergab.

Das Seziermesser wurde nochmals angelegt. Und nochmals. Den ganzen Tag über, eine Stunde nach der anderen. Mein Stolz erschien plötzlich vor mir — ich erkannte, wie ich zuweilen gehandelt hatte, um Anerkennung von den Menschen und nicht von Gott zu erhalten. Die Worte meiner Mutter in meinem kleinen Büro im Haus meiner Eltern fielen mir wieder ein: „Sohn, wenn du stolz wirst, kann Gott dich nicht gebrauchen." Dann legte Gott seinen Finger auf Sünden der Gedankenwelt, auf sexuelle Phantasievorstellungen. Während mir jede Sünde — in Gedanken, Herzenshaltungen oder in meinem Handeln — in den Sinn kam, bekannte ich sie und bat Gott, mir zu vergeben und mir zu helfen, mich davon abzuwenden.

Als die Seelenoperation vorüber war, gab es noch etwas zu tun. Ich suchte Briefpapier und Feder und begann den ersten von mehreren Briefen zu schreiben, um einige Dinge aus meiner Vergangenheit wiedergutzumachen. „Lieber Bruder Zimmerman, ..." Es war qualvoll, aber in jener Nacht ging ich mit einem ganz neuen Gefühl der Reinheit zu Bett. Auf meinem Schreibtisch in dem kleinen Zimmer lag ein geordneter Stoß von Briefen. Der oberste war nach Springfield, Missouri, adressiert.

Am Ende der Woche beendete ich langsam meine Fastenzeit. Ich erkannte, daß ich — und vielleicht YWAM — gerade einen Wendepunkt überschritten hatte, der allen, die die Stimme Gottes zu hören suchen, gemeinsam ist. Wir können Gott deutlicher hören, wenn wir reinen Herzens zu ihm kommen. Der Bekenntnisprozeß ist natürlich von anhaltender Dauer, aber ich hatte einen guten Anfang gemacht.

Ich fragte mich, was sich wohl daraus ergeben würde. Das erste Ereignis, das geschah, war keinesfalls erfreulich.

Jim Rogers hatte mich während der Woche des Gebetes davor bewahrt, aber pünktlich am siebten Tag rief er mich an, um mir die Nachricht mitzuteilen. Wir hatten 100.000 Broschüren nach Neuseeland verschifft, um sie in den Häusern und auf den Straßen zu verteilen. Sie waren während meiner Fastenzeit angekommen und im Keller einer Fabrik gelagert worden. Dieser Keller war während eines Regensturms überschwemmt worden, und unsere Broschüren waren alle durchnäßt.

„Könntest du gleich vorbeikommen, Loren?" Jim gab mir die Adresse.

Eine halbe Stunde später stieg ich in der Fabrik die Treppen zum feuchten Kellergeschoß hinunter. Jimmy kam mir entgegen und deutete mit den Armen im Kreis herum. Jannie und drei andere Freiwillige waren dabei, Tausende von Broschüren, mit Wasser voll gesogen, aus den nassen Schachteln herauszunehmen und sie auf einem riesigen Tisch aufzustapeln.

„Ich glaube, wir können sie retten, Loren", sagte Jannie. Sie zeigte mir eine riesige Industriepresse. Die Broschüren wurden in die Presse gelegt, und ein großer Teil des Wasser wurde herausgepreßt. Dann wurden sie eine nach der anderen an Wäscheleinen zum Trocknen aufgehängt. Welch einen Anfang unser großes Unternehmen in Auckland nahm!

Überraschenderweise waren wir jedoch alle in gehobener Stimmung. Wir verbrachten die Woche damit, Broschüren an Wäscheleinen zu trocknen und fuhren dann am Samstagmorgen in einen anrüchigen Bezirk im Stadtinnern. „Was würde unsere Mutter wohl sagen, wenn sie uns jetzt sehen könnte?" sagte ich lachend zu Jannie, als wir vor dem Pink Pussycat Club parkten. Das christliche Kaffeehaus, das wir als Hauptquartier benützten, war im Kellergeschoß direkt neben dem Pink Pussycat Club. Wir luden Kartons mit fast trockenen Broschüren aus und brachten sie nach unten in einen schwarz-rot getünchten Saal, wo den Leuten aus der Nachbarschaft kostenloser Kaffee ausgeschenkt und billige Sandwiches angeboten wurden.

Langsam kamen unsere einsatzwilligen Helfer herein, bis etwa dreißig Leute im schwarz-roten Raum im Kellergeschoß versammelt waren. Ich betrachtete die jungen Männer, die noch im Teenageralter waren, in den beliebten eng geschnittenen Hosen, und die Mädchen mit ihren Miniröcken und breiten Schuhen. Meine Aufmerksamkeit wurde besonders auf einen Teenager mit einem breiten polynesischen Gesicht und einem unbekümmerten Lachen gelenkt. (Warum schien er sich von dieser Gruppe abzuheben?) Könnte es sein, daß sich unter diesen dreißig jungen Leuten zukünftige Missionare befanden? Würden diese Jugendlichen eines Tages auf den Philippinen oder in Westafrika oder sogar hinter dem Eisernen Vorhang für Gott wirken?

Ich holte tief Luft und begann, über die Gründe unserer Reise nach Auckland zu sprechen und erklärte unseren Aktionsplan. Wir wollten nach Ponsonby gehen, einem polynesischen Ghetto, wo Tausende von Maoris, Samoanern, Tonganern und Cook-Insulanern lebten. Auf einer Landkarte grenzten wir einen Sektor ab, der Hunderte von Häusern einschloß. Der junge Mann mit dem breiten polynesischen Gesicht schien sich wiederum von der Menge abzuheben. Er stellte kluge, direkte Fragen. „Ihr hättet keinen schwierigeren Bezirk aussuchen können", sagte er.

„Du hast wohl recht. Wie heißt du?"

„Kalafi Moala."

Ich bemerkte, daß mir der Name im Gedächtnis blieb.

Kalafi Moala hatte recht gehabt. Ponsonby war tatsächlich ein schwieriger Bezirk. Nach einem freudlosen Tag, an dem wir fast überall abgewiesen worden waren, trafen wir uns wieder im christlichen Kaffeehaus im Keller zu einer kurzen Besprechung. „Ich habe mir fast eine Lungenentzündung geholt von dem ständigen Luftzug, wenn mir die Türen vor der Nase zugeschlagen wurden!" sagte Jannie.

Am nächsten Tag war Kalafi mein Partner. Während wir zwischen den Reihen der im viktorianischen Stil erbauten Häuser entlanggingen, die einst prächtig gewesen waren, und in deren Gärten nun hohes Unkraut wuchs und Bierdosen herumlagen, erfuhr ich einige Einzelheiten über das Leben dieses jungen Mannes. Kalafi war achtzehn Jahre alt und das älteste von neun Kindern. Tonga, seine Heimat, war eine polynesische Monarchie — eine winzige Inselgruppe, mehr als dreitausend Kilometer östlich zwischen Fidschi und Samoa.

Wie die meisten Tonganesen war Kalafi religiös erzogen worden, aber er hatte kein lebendiges Verhältnis zu Gott. Er war offensichtlich von Natur aus ein Anführer und als solcher in der angesehensten Schule von Tonga anerkannt; aber gleichzeitig war er auch ein dem Alkohol ergebener Unruhestifter.

Kalafi erzählte dann, wie er eines Tages, als er in den frühen Morgenstunden betrunken nach Hause kam, plötzlich sah, wie er sein Leben vergeudete. Er kniete sich neben sein Bett und begann zu weinen. Er weinte drei Stunden lang und bat Gott, in sein Leben zu kommen und ihn zu verändern. Um acht Uhr erhob er sich von den Knien, und er war ein neuer Mensch. Kalafi erzählte mir, wie er sich vor seinem Schulabschluß mit seinen Freunden regelmäßig traf, um zu beten und die Bibel zu lesen. Viele der Schüler an seiner Schule wurden Christen.

Der erste Tag in Ponsonby war fast völlig ergebnislos gewesen. Heute war es anders. Wenn Kalafi als Polynesier zu den anderen Inselbewohnern sprach, wurden sie aufmerksam. Die Leute hörten ihm zu, besonders wenn er nicht „predigte", sondern ihnen einfach seine eigene Geschichte erzählte, wie er durch Gottes Kraft verändert worden war. Im Verlauf des Tages begann ich zu hoffen, daß der junge Kalafi ein Teil der Freisetzung sein würde, um die ich gebetet hatte.

Ich mußte nicht lange warten. Als wir eines Abends gegen Ende der Woche im Kaffeehaus waren, sagte Kalafi, er müsse mit mir reden. Wir suchten uns eine stille Ecke. Kalafi übertönte das Dröhnen der Musik und kam direkt zur Sache.

„Loren, ich bin der Meinung, wir brauchen in Tonga ein Team von YWAM." Kalafi erzählte mir, daß im folgenden Juli, also in fünf Monaten, die Krönung des neuen Königs von Tonga, Taufa'ahau Tupou IV., stattfinden würde. Tausende von Tonganesen würden in die Hauptstadt Nuku'alofa strömen. „Ich glaube, es wäre für euch eine ideale Zeit, um dort zu sein", sagte Kalafi.

Dann fügte er hinzu: „Und ich werde mit euch arbeiten — vollzeitig. Ich habe mich entschlossen, meine Pläne aufzugeben — und es waren recht gute Pläne, Loren. Ich werde stattdessen zurück nach Tonga gehen und für die Ankunft des Teams Vorbereitungen treffen."

Ich sah Kalafi an; er war plötzlich aufgeregt. Ich wußte von seinen guten Aussichten auf eine Karriere und war über das, was er aufopferte, mehr als erstaunt. Aber genau dies brauchten wir, wenn wir jemals wachsen sollten: junge Männer und Frauen, die Gottes Stimme hören, gehorchen und hinausgehen.

„Ja, das machen wir!" sagte ich. Es schien richtig zu sein. In jener Nacht, als die Wände von der lauten Musik nebenan vibrierten, beteten wir für Tonga.

Als ich spät in jener Nacht zum Haus der Dawsons zurückfuhr, dachte ich, daß Kalafi möglicherweise unser erster neuer Leiter aus der nicht-westlichen Welt war. Es entging mir auch nicht, daß er nach meiner Zeit der Läuterung und des Fastens und Betens freigesetzt worden war.

Meine sechs Wochen in Neuseeland gingen zu Ende. Als ich die Stufen zum Flugzeug hinaufging, das mich zu Darlene bringen würde — wir hatten geplant, uns in Hawaii zu unseren zweiten Flitterwochen zu treffen — dachte ich darüber nach, wieviel in dieser kurzen Zeit geschehen war. Wir hatten eine erfolgreiche Evangelisation in einem Ghetto durchgeführt. Und die Freisetzung hatte begonnen. Außer Kalafi gab es mindestens noch sieben andere, die als mögliche Leiter in Frage kamen. Es wurde mir plötzlich bewußt: acht Leute! Innerhalb von sechs Wochen hatte sich die Zahl der vollzeitigen Mitarbeiter von YWAM verdoppelt.

Dennoch wuchs die Zahl unserer Mitarbeiter immer noch sehr langsam. Ich hoffte, daß wir eines Tages nicht durch *Addition*, sondern durch *Multiplikation* wachsen würden. Multiplikation bewirkt ein so viel schnelleres Wachstum als Addition. Ich dachte erneut an Kalafi. Wenn er nur richtig ausgebildet würde, könnte er andere junge Menschen ausbilden und aussenden — besonders aus der Dritten Welt.

Das Flugzeug stieg über die Wolken auf etwa 10.000 Meter. Ich dachte über die letzten Wochen nach, die wie eine Art Schulung für mich gewesen waren. Ich hatte neue Prinzipien der Führung Gottes von Menschen gelernt, die andere Wege kennengelernt hatten, um von Gott zu hören. Dann hatte ich diese Prinzipien in die Praxis umgesetzt. Es war eigentlich nicht viel anders als zu der Zeit, da ich in meiner Familie aufwuchs. Darlene und ich hatten beide eine solch unglaublich wertvolle Kindheit gehabt, denn unsere Eltern und Großeltern hatten uns so viele Dinge durch ihr Beispiel gelehrt, daß wir in gewisser

Weise anderen gegenüber einen ungerechten Vorsprung hatten. Wäre es nicht großartig, eine Schule zu haben, die mit Absicht einen familiären Rahmen hätte, so daß junge Leute in diese Dinge eingeführt werden könnten und gleichzeitig Gelegenheit hätten, sie selbst zu erproben?

Was für eine großartige Idee! Vielleicht war es tatsächlich Gottes Idee! Wenn dies der Fall war, würde ich vielleicht das Prinzip der drei Weisen aus dem Morgenland in Aktion sehen, das ich gerade erst selbst gelernt hatte, bei dem zwei oder mehr Leute denselben Leitstern zur gleichen Zeit sehen. Wenn diese Idee einer Schule, mit dem Zweck, andere in den *Wegen* des Herrn zu unterweisen, wirklich von Gott war, so konnte man mit Recht erwarten, daß er sie mehr als einem Menschen geben würde. Natürlich würde ich Darlene davon erzählen wollen, aber ansonsten würde es klug sein, mein nächstes Ziel für YWAM geheimzuhalten.

Mein Flugzeug kam vor dem von Darlene an. Als ich aus der gekühlten Flugzeugkabine ausstieg, umfing mich die mir bekannte weiche, warme Luft und der Duft blühender tropischer Bäume. Ich war so froh, daß wir beschlossen hatten, diese Zeit allein in Hawaii zu verbringen, bevor wir uns auf dem Festland wieder in die Arbeit stürzten. Was war so besonders an Hawaii, das ich als so angenehm empfand? Ich schaute mich um und betrachtete die Mischung von orientalischen, polynesischen und westlichen Gesichtern. Hawaii war wirklich ein Verbindungspunkt zwischen Ost und West.

Ich hatte gerade genug Zeit, um vor Dars Ankunft einen rosa-weiß gestreiften Jeep zu mieten. Wenn dies unsere zweiten Flitterwochen sein sollten, warum dann nicht im richtigen Stil?

Darlene kam die Stufen der Landetreppe herunter; sie sah hübsch aus in ihrem blauen Kleid und mit ihrem sorgfältig frisierten blonden Haar. Ich umarmte sie stürmisch. Wir warfen unsere Koffer in den rosa Jeep und fuhren in raschem Tempo zu einem kleinen Apartment, während der Wind in kurzer Zeit Dars Frisur zerstörte.

Ich brachte sie schnell auf den neuesten Stand der Dinge, die sich in Neuseeland zugetragen hatten: wie ich die Dawsons und Kalafi getroffen hatte, die qualvolle, aber wunderbare geistige Operation im Hause der Dawsons und besonders all die Dinge, die ich über die Führung Gottes gelernt hatte. Es erschien unglaublich, als Dar mir erzählte, daß sie genau an denselben Tagen wie ich gefastet und gebetet hatte, und daß auch sie sich einer Seelenoperation unterzogen hatte. Es war erstaunlich zu sehen, wie Gott uns zusammen geführt hatte, obwohl wir Tausende von Kilometern getrennt waren.

An einem Tag fuhren wir um die ganze Insel herum und hielten am Blowhole hinter Diamond Head an. Wir parkten den Jeep und kletterten die schwarzen Lavafelsen hinunter. Unterhalb von uns schlugen riesige Wellen gegen die wuchtigen Felsblöcke; die Wellen brachen sich und wichen wieder zurück. Oft rollte eine gigantische Welle ans Ufer, stürzte zwischen einige dieser Felsblöcke und bewirkte, daß plötzlich eine Fontäne durch einen Zwischenraum in den Felsen spritzte und einen eindrucksvollen Sprühregen emporsandte. Wir setzten uns auf eine Klippe und beobachteten das Schauspiel. Die unheimliche Kraft des Wassers flößte mir Scheu und Ehrfurcht ein. Ich sah wiederum die Wellen von jungen Leuten vor mir und dachte daran, wie sie lernen müßten, Gottes Kraft in rechter Weise zu gebrauchen.

Es gab noch etwas Besonderes, worüber ich mit Dar sprechen wollte, und hier, wo die schäumenden Wellen sich unter unseren Füßen brachen, schien der ideale Ort dafür zu sein.

„Weißt du, Dar", begann ich, „ich habe noch etwas Großes im Sinn..." Und ich erzählte ihr von der Schule.

„Das ist eine großartige Idee!" sagte sie. „So viele

besondere Menschen haben uns in letzter Zeit so viel Neues gelehrt, das wir brauchten. Ich würde mich freuen, wenn andere Jugendliche die gleiche Gelegenheit hätten!"

Der tropische Himmel bewölkte sich über dem grünen Berg, der hinter uns lag, während wir aufgeregt über alle unsere Vorstellungen für eine solche Schule redeten. Die Jugendlichen würden lernen, wie sie Gott wirklich mit ganzem Herzen, ganzer Seele, ganzem Verstand und allen Kräften lieben könnten. Sie würden Gelegenheit haben, von ausgewählten Männern und Frauen zu lernen, die sich in dem, was sie lehren, bereits geübt hatten. Einer nach dem anderen dieses zirkulierenden Lehrkörpers würde direkt aus einem Zentrum von Gottes Handeln kommen.

„Und es könnte in einem familiären Rahmen geschehen, wo alle zusammen lernen — Studenten und Lehrer", schlug Dar vor und erinnerte mich gleichzeitig daran, in welch engen Kontakt wir mit den jungen Leuten gekommen waren, als wir in der Flugzeughalle in Nassau zusammen gewohnt hatten.

Die Jugendlichen würden nicht nur im Klassenzimmer lernen, sondern durch eigene Erfahrung. Sie würden durch ihr Tun lernen — sie würden ins Ausland reisen, Menschen treffen, ihre Verhältnisse kennenlernen, helfen.

Die Ideen begannen sich zu überstürzen. Wir waren damit beschäftigt, die Einzelheiten für die Schule auszuarbeiten, als ich merkte, daß die Sonne sich wie ein orangefarbener Ball tief über den Horizont neigte.

Bevor wir unseren Platz auf der Klippe verließen, erklärte ich Dar das Prinzip, die Führung Gottes geheimzuhalten, bis er uns erlaubt, sie anderen mitzuteilen. Dies würde vielleicht eine dieser Gelegenheiten sein, da er uns durch einen anderen Menschen zeigen würde, daß er an dieser Idee einer Schule beteiligt war.

Wir freuten uns auf ein Weihnachtsfest im Kreise der

ganzen Familie in der neuen Wohnung meiner Eltern in Alhambra, Kalifornien. Jim und Jannie kamen vom Süd-Pazifik zurück, wo ich mich zehn Monate zuvor von ihnen getrennt hatte. Mein Vater würde wie immer damit beschäftig sein, Gemeinden und Missionare zu betreuen. Phyllis und ihr Mann Len wohnten mit ihren beiden Kindern nur ein paar Häuserblöcke von meinen Eltern entfernt, und es würde schön sein, sie wiederzusehen. Und natürlich, Mutter würde da sein und die Unterhaltung mit ihrem Humor würzen.

Als wir durch die Wohnungstür eintraten, kam uns der köstliche Duft von gebratenem Truthahn entgegen. Meine Mutter, von der Arbeit in der Küche erhitzt, umarmte uns beide, und dann schlang mein Vater seine großen Arme um uns, und all die anderen folgten.

Ich begann, Jim und Jannie nach den Einzelheiten der letzten zehn Monate im Süd-Pazifik auszufragen. Ich war besonders neugierig, etwas über Kalafi und Tonga zu hören. Es gab so viel zu erzählen, daß Jim und Jannie bald um eine Gelegenheit wetteiferten, zu Wort zu kommen. Als sie mit ihren 35 Ausländern in Tonga angekommen waren, hatte Kalafi bereits zwanzig Tonganesen angeworben, um mit ihnen zu arbeiten.

Menschen von allen Inseln waren zur Krönung in die Hauptstadt geströmt. Die Jugendlichen von YWAM hatten Tausende von Traktaten verteilt. Jeder schien ein Traktat zu wollen; niemand warf sie weg. (Ich dachte an all die Abweisungen in Ponsonby.) Hunderte hatten eine Begegnung mit Jesus.

„Und Kalafi?" fragte ich.

„Er hat sehr gute Arbeit geleistet", sagte Jimmy.

Ich dachte bei mir: „Es funktioniert wirklich — es vervielfacht sich, sogar ohne daß ich dabei bin!" Wenn Kalafi jetzt nur zu unserer Schule kommen könnte!

Es war bald Zeit für unser festliches Weihnachtsmahl, und meine Mutter klapperte schon mit den Töpfen in der

Küche. Dar ging an mir vorbei und blickte mich bedeutungsvoll an. Ich wußte, daß sie an das ganz besondere Paket dachte, das sie unter den Weihnachtsbaum gelegt hatte.

Nach dem Essen versammelten wir uns im Wohnzimmer, um die Geschenke zu öffnen. Der Fußboden war bald mit zerknülltem Geschenkpapier und Seidenbändern bedeckt.

Unter dem Baum lag nur noch ein großes Paket mit einem Anhänger, auf dem zu lesen war: „Für Mama von Loren und Darlene. ZULETZT ÖFFNEN!" Während es meiner Mutter in den Schoß gelegt wurde, schaute ich zu Dar hinüber — ihre Augen glänzten.

Mutter riß die Schachtel auf und zog mit einem verwirrten Gesichtsausdruck einen winzigen Weihnachtsstrumpf und einen Zettel heraus, den sie schweigend las. Ihr Kinn fiel herunter, ihre Augen wurden größer, und sie blickte zu uns herüber. „Na so was! Ist das wirklich wahr?" fragte sie erstaunt und sah uns mit einem schelmischen Lächeln an.

„Was ist es? Was steht auf dem Zettel?" riefen die anderen fast einstimmig.

Schließlich übertönte meine Mutter den Krawall und las laut vor: „Dieser kleine Strumpf ist für Dich, damit Du ihn nächstes Jahr füllen kannst. Im Juli wirst Du Dein drittes Enkelkind bekommen."

Nach fünf Jahren der Ehe glaubten Dar und ich, daß es die richtige Zeit war, eine Familie zu gründen. Alle fingen an zu lachen, klopften mir auf die Schulter und beglückwünschten uns. Vater lehnte sich in seinem Sessel zurück und grinste.

„Ich bin froh, daß ihr zwei endlich lange genug einem Flugzeug ferngeblieben seid, um eines zu bekommen!"

Im Herbst 1967, mehrere Monate nach meiner Rückkehr von Neuseeland, bekam ich die Grippe. Das war nichts Außergewöhnliches, aber das, was daraufhin geschah, war es. Während ich in Kalifornien im Bett lag, um meine Schmerzen und mein Fieber auszukurieren, kam mir ein Gedanke in den Sinn: „Ihr *sollt* eine Schule haben. Sie soll Evangelisationsschule heißen." Ich fragte mich, ob dies von Gott sei. Der Gedanke wuchs in mir, und ich erinnerte mich an die Dinge, über die Dar und ich in Hawaii gesprochen hatten. Dann erschien plötzlich ein anderer Gedanke: „Eure Schule soll in der *Schweiz* sein."

In der Schweiz! „Bist Du es, Gott?" fragte ich in meinem Innern. Natürlich erinnerte ich mich an meinen Besuch in dem schönen Alpenland. Ich hatte es entzückend gefunden. Aber warum dort? Wir hatten nichts in Europa unternommen — die Jugendlichen von YWAM waren nach Afrika, zur Karibik, zum Süd-Pazifik, nach Lateinamerika und Asien gegangen. Aber Europa?

Ich erzählte Darlene davon, und wir machten Pläne, im folgenden Frühjahr die Möglichkeiten dort auszukundschaften und unser „kleines Nest", nämlich das Haus in La Puente, als Bürgschaft für ein Darlehen zu nehmen, um die Flugkarten zu kaufen. Ich fragte mich jedoch immer noch, ob diese Idee mit der Schweiz wirklich von Gott war. Ich wollte, daß er mir erneut versicherte, daß ich in der Tat von ihm gehört hatte.

Er tat es — auf beeindruckende Art und Weise.

Zwei Tage vor unserer geplanten Abreise erhielt ich eine unerwartete Einladung zu einem Frühstück. Mein Vater und sein Freund, ein Bibellehrer namens Willard Cantelon, hatten sich zum Frühstück verabredet. Willard rief an und bestand darauf, daß mein Vater mich mitbrächte. „Es ist wichtig", sagte er.

Und so kamen Vater und ich zusammen in Foxey's Restaurant in Glendale an. Willard wartete bereits an einem Tisch auf uns. Er war adrett gekleidet in einer sportlichen Tweedjacke und hatte seinen Hut sorgfältig neben sich auf die Bank gelegt. Ich schüttelte ihm die

Hand und war neugierig zu hören, warum er mich hier sehen wollte.

Selbst später, wenn ich über das, was er gesagt hatte, nachdachte, konnte ich es kaum glauben.

„Loren, ich habe eine Botschaft für dich", sagte Willard. „Der Herr hat mir den Gedanken eingegeben, daß jemand in der Schweiz eine Schule gründen soll. Gestern abend sagte er mir, daß *du* derjenige sein sollst." Ich fand die Sprache kaum wieder und murmelte irgend etwas. Willard fuhr fort und erklärte, daß die Schule aus einer internationalen Studentenschaft und Gastlehrern bestehen solle. „Ich soll nicht einer der Lehrer sein, Loren, ich bin nur ein Werkzeug, um dir diese Botschaft zu vermitteln."

Während Willard sprach, wurde ich natürlich immer aufgeregter. Aufgrund dieses erstaunlichen Beispiels des Prinzips der drei Weisen aus dem Morgenland wußte ich nun, daß es für uns völlig richtig war, in die Schweiz zu reisen.

Wir landeten im April in Genf. Wir nahmen die wunderschöne Aussicht auf die grünen Täler um den Genfer See in uns auf und bestiegen einen Zug nach Lausanne. Welch eine Erwartung wir hatten, als wir an den stillen Feldern, den märchenhaften Chalets und den sauberen Scheunen vorbeisausten.

„Glaubst du, du könntest dich hier jemals zu Hause fühlen?" fragte ich Dar.

„Mir gefällt es prima!" sagte sie. „Ich könnte den Rest meines Lebens hier verbringen!"

Wir gingen — mit Rücksicht auf Dar — langsam in Lausanne spazieren und erfreuten uns an den Blumen, am Glitzern des Genfer Sees, an den beiden Türmen der Kathedrale, an den blauen Umrissen der Alpen. Und immer wieder waren wir voller Staunen, daß Gott uns hierher gerufen hatte, um unsere Schule zu gründen. Wir trafen Vorbereitungen für die Benützung eines Gebäudes in einer Stadt außerhalb von Lausanne und flogen in die Vereinigten Staaten zurück, um uns auf die Geburt unseres Kindes vorzubereiten.

Es war bald Zeit zur Entbindung für Dar, und ich gestehe, daß ich kaum mehr an die Schweiz dachte.

Es war der 3. Juli 1968. Ich war in Philadelphia, und Darlene war in Redwood City, Kalifornien, bei ihren Eltern und wartete auf die Geburt. Das Baby war erst in drei Wochen fällig, aber als ich an jenem Julimorgen aufwachte, hatte ich das Gefühl, daß ich Dar anrufen sollte. Ihre Stimme war erregt.

„Wie wäre es, wenn du heute Vater werden würdest?"

„Heute!" Alle anderen Dinge gerieten sofort in Vergessenheit. „Bist du sicher?"

„Ja, die Wehen haben schon begonnen", sagte Dar. „Ich schätze, daß unser Kind heute abend so um acht oder neun Uhr zur Welt kommen wird."

„Ich bin schon unterwegs!" rief ich und hängte den Hörer auf.

Aber das war leichter gesagt als getan. Ich erhielt am Vorabend des 4. Juli, des amerikanischen Nationalfeiertags, endlich eine Platzreservierung, saß dann jedoch drei Stunden lang auf der Startbahn des Flughafens von Philadelphia, bevor unser Flugzeug die Startgenehmigung erhielt. Ich kam um elf Uhr nachts im Krankenhaus in Redwood City an, und ich war enttäuscht und schuldbewußt, weil ich nicht früher hatte kommen können.

Ich entdeckte Darlenes Familie im Wartezimmer. „Bin ich zu spät gekommen?"

Nein, versicherten sie mir, aber Darlene habe eine schwere Entbindung. Der Arzt sagte, daß das Kind in Querlage war — eine Steißgeburt also.

Ich eilte in ihr Zimmer. Darlene lag schlaff auf ihrem Kissen und drückte wechselweise mit ihrem ganzen Körper nach unten und sank dann wieder auf die von Schweiß durchnäßten Bettücher zurück.

„Ich wollte auf dich warten“, keuchte sie und lächelte schwach zwischen zwei Wehen, ehe sie ihr Gesicht vor Schmerz wieder verzog. Ich nahm ihre Hand und setzte mich neben sie, um zu warten und zu beten.

Dann kam der Zeitpunkt, da sie in den Entbindungssaal gebracht werden mußte. Am 4. Juli, um drei Uhr morgens, kam der Arzt dann endlich ins Zimmer geeilt, streifte seine Schutzmaske und Handschuhe ab und schüttelte mir die Hand.

„Herzlichen Glückwunsch! Sie haben ein wunderhübsches kleines Mädchen! Es war eine schwere Geburt, aber Ihre Frau war sehr tapfer.“

Wir gaben ihr den Namen Karen Joy. Nun waren wir eine richtige Familie. Und wir freuten uns noch auf eine andere Geburt: die Geburt der Schule, die im Hinblick auf die Freisetzungen, die wir herbeisehnten, so vielversprechend erschien.

KAPITEL 11

Multiplikation der Führung Gottes

Es waren zwei Jahre vergangen, seit Gott mir zum ersten Mal einen flüchtigen Blick in sein Vorhaben gewährt hatte, eine Schule mit Kurzzeitprogrammen zu gründen, als Teil seines Planes, junge Leute als Missionare auszusenden. Nur wenige der Jugendlichen, die wir trafen, hatten so wie Dar und ich den Vorteil gehabt, in Familien aufzuwachsen, die in Wirklichkeit Kleinschulen waren. Wir waren zu Hause in Gottes Wegen unterwiesen worden, wie er uns reinigt, wie er für uns sorgt, wie er uns führt. Ich hatte nun den Eindruck, daß Gott die gleiche Erfahrung für alle Jugendlichen von YWAM wollte, besonders für jene, die vollzeitige Mitarbeiter sein sollten. Er zeigte uns dies, indem er uns eine besondere Lektion über das Prinzip der Weisen aus dem Morgenland erteilte. Er wollte eine Schule mit Familienatmosphäre, und sie sollte in der Schweiz sein.

Es war kaum zu glauben, daß es über ein Jahr her war, seit wir das erste Mal in die Schweiz gekommen waren, um nach einem Ort für eine solche Schule zu suchen. Im vergangenen Jahr hatten wir viel experimentiert und falsche Anfänge gemacht. Das Gebäude, das wir für unsere Schule eingeplant hatten, als wir das erste Mal kamen, erwies sich als ungeeignet. Aber erst vor einer Woche hatte ein Freund von uns ein altes Hotel ausfindig gemacht, das mit Brettern vernagelt war. Er glaubte, es könnte das Richtige für uns sein, und so machten Dar und ich uns auf den Weg, um die Sache genauer zu untersuchen, und wir schoben die vierzehn Monate alte Karen im Kinderwagen vor uns her.

Da stand es — ein großes, altes Hotel — fünf Stockwerke hoch, mit grauer Stukkatur und alten grünen Fensterläden. Es lag auf einem Hügel neben einem dichten Nadelwald. Wir gingen um das Haus herum und über die große Rasenfläche im Vordergrund, wo eine Gruppe von Ahornbäumen stand und einst ein Gartencafé gewesen sein mußte. Auf dem Dach befand sich ein verwittertes Schild mit der Aufschrift „Hotel Golf". („Es muß hier in der Nähe ein Golfplatz sein", erklärte ich.) Wir blieben eine Weile auf der Rasenfläche stehen, um die Aussicht auf die umliegenden Weiden und auf die Kühe mit großen Glocken zu genießen („Loren, hörst du die Kuhglocken?") und natürlich auch die majestätischen Alpen, die in der Ferne am Horizont sichtbar waren.

Wir fanden die Besitzerin in einem zweistöckigen Anbau neben dem Hauptgebäude. Zu unserer Erleichterung sprach sie Englisch. Sie erklärte, daß sie durchaus interessiert sei, das Hotel zu vermieten und wir könnten es uns ansehen. Sie holte die Schlüssel. „Falls Sie etwas brauchen, Monsieur, lassen Sie es mich bitte wissen. Das Hotel ist seit Jahren mit Brettern vernagelt, aber es ist alles noch vorhanden."

Wir gingen die Stufen hinauf mit dem seltsamen Gefühl, daß wir diese gleichen Stufen oft benützen würden, schlossen die Tür auf, stemmten uns gegen sie, da sie klemmte, und traten ein. Es empfing uns ein modriger, naßkalter Geruch. In den Ecken der Eingangshalle hingen feine Spinngewebe. Die Vorhalle war mit schäbigen, einst feinen Stühlen und Sofas mit rotbraunen Brokatüberzügen ausgestattet. Darlene schien die abgenützte Einrichtung nicht zu bemerken. Sie machte schon Pläne. „Wir könnten die Möbel neu überziehen, und wir hätten einen schönen Raum, Loren. Ich sehe schon die Jugendlichen vor mir, wie sie sich hier in den Pausen ausruhen."

„Und schau hier!" rief sie und setzte Karen auf den

fadenscheinigen orientalischen Teppich. Hohe Glastüren führten von der Vorhalle in einen großen Speisesaal. „Dieser Raum könnte wunderbar als Klassenzimmer dienen." Wir gingen den weiten Treppenaufgang hinauf und besichtigten alle fünf Stockwerke und die 32 Räume.

Als Darlene jedoch „unser" Zimmer entdeckte, wußte ich, daß sie schon eingezogen war. Es war ein Eckzimmer im zweiten Stock und hatte ein eigenes Badezimmer mit einer großen Badewanne im europäischen Stil. Die hohen Fenster ließen sich öffnen, und eine sanfte Brise und der Klang der Kuhglocken drangen herein.

„Du glaubst also, dies könnte eine Zeitlang unser Zuhause sein?" fragte ich lächelnd.

„Oh, ja!"

Ich machte noch einmal die Runde durch das Hotel und stellte mir dabei vor, was alles getan werden könnte. Der Zweck dieser Schule würde nicht sein, Köpfe mit Wissen anzufüllen, sondern Leben zu verändern: den Glauben an Gott zu stärken, mehr über sein Wesen zu erfahren und zu lernen, wie unser Wesen dem seinen ähnlicher werden kann. Hier würden wir uns mit dem Herrn verbinden und gleichzeitig miteinander verbunden sein. Hier würden wir über den zweifachen Aspekt des Evangeliums lernen, wie ich ihn in Nassau während des Wirbelsturms Cleo erkannt hatte. Hier in diesem ranzig riechenden Gebäude (fast wie ein Stall, dachte ich und mußte lächeln) würde eine Schule ins Leben gerufen werden, in der Hunderte von jungen Leuten lernen würden, Gott tiefer zu erkennen und andere Menschen zu ihm zu führen.

Ich trat in den Speisesaal. Wir würden die Jugendlichen drei Monate lang in diesem zukünftigen Klassenzimmer unterrichten, und dann würden Lehrer und Studenten drei Monate lang unterwegs sein, um auf dem Missionsfeld Erfahrungen zu sammeln. Gemeinsam würden wir Gott vertrauen, für unsere materiellen Bedürfnisse Sorge zu tragen. Wir würden das, was wir im Klassenzimmer gelernt hatten, zusammen in die Praxis umsetzen und mit Menschen über Gott sprechen. „Diese jungen Leute werden mit ihrer eigenen Vision zurückkommen", sagte ich laut zu mir selbst. „Die Vision wird sich vervielfachen..."

Dar kam ins Zimmer. „Liebling, die Vermieterin möchte mit uns über die Bedingungen sprechen."

„Gut. Beten wir aber zuerst über dieses Vorhaben." Wir standen zusammen im Speisesaal, hielten Karen zwischen uns und beteten. Wir glaubten, daß Gott uns an diesen Ort gebracht hatte, und nun baten wir ihn, all das ins Leben zu rufen, was uns für diese besondere Schule gezeigt worden war. Während wir beteten, wanderten meine Gedanken zu Kalafi Moala. Ich wünschte so sehr, daß er diese Schule besuchen könnte. Es beunruhigte mich innerlich, daß Kalafi weder in der Weise geschult worden war, wie Dar und ich das Vorrecht gehabt hatten, noch daß er in eine Bibelschule gegangen war. Kalafi sollte bei uns sein. Er hatte ein Mädchen namens Tapu aus Tonga geheiratet. Jimmy und Jannie kannten sie und erzählten, daß sie hübsch sei. „*Außerdem* kommt sie aus einer der vornehmsten Familien von Tonga", fügte Jannie hinzu. „Sie sind ein tolles Team!" Ich war dennoch beunruhigt. Kalafi hatte bei seiner neuen Missionsarbeit in Neuguinea eine für sein Alter große Verantwortung zu tragen.

Aber im Moment konzentrierte sich meine Aufmerksamkeit auf diese Schule in der Schweiz und alles, was hier stattfinden sollte. Wir mieteten das Hotel und trafen Vorbereitungen, um 36 junge Leute aus fünf verschiedenen Ländern hier aufzunehmen. Wir hatten jedoch keine Ahnung, daß wir im Begriff waren, eine weitere sehr grundlegende Lektion über die Führung Gottes zu lernen.

Seit jener Durchbruchserfahrung im Hause der Dawsons in Neuseeland, als ich mich einer so tiefgreifenden Seelenoperation unterzogen hatte, wußte ich, daß es notwendig war, vor Gott und den Menschen völlig ehrlich zu sein, um Gottes Stimme hören zu können. Ich hatte selbst gesehen, wie Gottes Kraft nach einer Zeit der Buße und Läuterung freigesetzt worden war, und ich erinnerte mich daran, daß es bei jeder großen geistlichen Erneuerung in der Geschichte Zeiten des Sündenbekenntnisses gegeben hatte. Ich konnte nun auch die Gründe dafür verstehen. Die Zeit der Läuterung hatte mich freigesetzt — der Teufel konnte mir keinen geheimen Groll und Sünden mehr vorhalten.

Ich hatte nie den Wunsch gehabt, bei den YWAMern auf ein Sündenbekenntnis zu drängen, aber ich fragte mich, ob andere eines Tages die gleiche Erfahrung wie ich machen würden. Und so war das, was gleich zu Beginn mit meinem Freund Don Stephens geschah, keine Überraschung für mich.

Wir begannen am 27. Dezember 1969, sechs Monate, nachdem Dar und ich das Hotel Golf zum ersten Mal gesehen hatten. Am folgenden Tag sollte der Unterricht mit unserem ersten Gastlehrer beginnen. Don Stephens und seine junge Frau waren bei uns. Don und Deyon hatten kurz nach unserer ersten Erfahrung auf den Bahamas geheiratet. An jenem Abend fragte ich Don, ob er am nächsten Tag zu der Gruppe sprechen würde. Er stand nun vor uns. Seine kräftige Gestalt war etwas gedrungener geworden. Er erzählte, wie Gott ihn zur Missionsarbeit berufen hatte. Es geschah in einer kleinen Kapelle in den Bergen. Er kniete vorne am Altar, als er das erste Mal den Eindruck erhielt, er solle vollzeitig im Missionsdienst im Ausland tätig sein.

Einige Wochen später, nachdem wir einen Vortrag über die Kraft eines reinen Gewissens gehört hatten, bemerkte ich, daß Don sich auf seinem Sitz hin und her wand. Schließlich sprang er auf.

„Ich möchte etwas bekennen. Ich übertrieb ... nein, ich log, als wir an jenem Abend das erste Mal hier zusammenkamen und ich euch erzählte, wie Gott mich berufen hat. Er hat mich zwar berufen, wie ich es erzählte ... bis zu einem gewissen Punkt. Aber dann übertrieb ich. Ich fügte einige Dinge hinzu, die ... nicht wahr waren. Ich log. Und es tut mir wirklich leid.“ Dann setzte er sich schnell wieder.

Dons Ehrlichkeit fand ihre Entsprechung, als andere ihre Sünden bekannten. Es war erstaunlich, dies zu beobachten. Natürlich entschied sich an jenem Abend nicht jeder, laut seine Sünden zu bekennen, und auch das war in Ordnung. Jeder hätte seine Sünden still vor Gott bekennen können. Aber das Sündenbekenntnis vor den Menschen führt zur Demut und Einheit und bereitet einen bußfertigen Menschen darauf vor, Gottes Heilung an Leib, Seele und Verstand zu erfahren. Sündenbekenntnis *ist* gut für die Seele. Wir sahen, daß ein Sündenbekenntnis in einer liebevollen und unterstützenden Gruppe besondere Vorteile hat. Als wir einander unsere Sünden bekannten, bemerkte ich, daß wir uns noch enger verbunden fühlten, wie eine echte Familie. Ich konnte mir in jenem Moment vorstellen, daß ich bereit wäre, für Don zu sterben, der sich gedemütigt hatte. Und auch für die anderen.

Als die Studenten später auf ihre Zimmer gingen, schrieben sie Briefe, um Dinge mit Eltern, Pastoren, Lehrern und ehemaligen Freunden und Freundinnen wiedergutzumachen.

Ich erinnerte mich an den kleinen Stoß Briefe auf dem Schreibtisch im Gästezimmer der Dawsons. Und ich erinnerte mich außerdem daran, wie die Arbeit von YWAM nach jener Zeit meines eigenen Sündenbekenntnisse begonnen hatte, in einem ganz neuen und beschleunigten Tempo zu wachsen.

Würde Don die gleiche Erfahrung machen?

Ende des Sommers 1970 machten Dar, Karen und ich einen Spaziergang im Wald neben dem Hotel und unterhielten uns über die Schule. Ich betrachtete Dar, die sich in ihrer zweiten Schwangerschaft zu runden begann, und dachte, daß dieser Tag zeigen würde, ob unsere Idee einer Schule wirklich erfolgreich war. Unsere 36 Studenten waren von ihren Erfahrungsreisen in ganz Europa und bis nach Afghanistan zurückgekehrt, und wir würden bald ihre Berichte hören. Als wir so durch den Fichtenwald gingen, freuten wir uns darauf, die Berichte der jungen Leute zu hören — obgleich es Dar und mir möglich gewesen war, in den vergangenen Wochen ein Dutzend der Orte persönlich zu besuchen.

Ich wollte über ihre Erfahrungen auf dem Missionsfeld hören, aber ich war besonders darauf gespannt, die Zukunftspläne der Studenten zu erfahren. Heute war ein großer Tag, denn wir würden die Ergebnisse der Führung Gottes sehen, die Dar und ich vor dreieinhalb Jahren zusammen empfangen hatten und die durch Willard Cantelon bestätigt worden war, der genau das gleiche Wort von Gott empfangen hatte. Gottes Führung, ähnlich wie Weissagung, besitzt ein sehr wichtiges Kriterium für ihre Gültigkeit: Erfüllt sie sich?

Würde diese Gruppe junger Leute neue geistliche Dienstbereiche unter dem Schutz von YWAM hervorbringen? Heute sollten wir es erfahren, wenn die Studenten sich auf dem Rasen vor dem Hotel versammelten. Heute sollte es sich zeigen.

Am späten Nachmittag an jenem Tag saßen wir vor dem Hotel auf Klappstühlen in einem Kreis unter den Ahornbäumen, mit den Alpen im Hintergrund. Dar kämpfte mit der zweijährigen Karen, die wie ein Magnet von Deyons zwei Monate altem Baby angezogen wurde. Jimmy und Jannie saßen im Kreis; sie waren soeben von Afghanistan zurückgekehrt, wo sie eine kleine Gruppe geleitet hatten. Ich blickte zu Jim und Jannie hinüber und fragte mich, wie lange sie noch warten müßten, bis nach nun schon sechsjähriger Ehe ihre Gebete um ein Kind erhört würden.

Während wir im Schatten der Bäume saßen, begannen die 36 Jugendlichen über ihre Abenteuer in Deutschland, Spanien, Frankreich, Großbritannien, Jugoslawien, Bulgarien und Afghanistan zu erzählen. Ich berichtete über all jene Mitarbeiter, die zu diesem Zeitpunkt nicht anwesend sein konnten — wir hatten uns inzwischen auf vierzig Mitarbeiter weltweit vergrößert, einschließlich Kalafis und Tapus Team in Neuguinea.

Schließlich kam der Zeitpunkt, auf den ich gewartet hatte — es sollten die Pläne aller, die im Kreise saßen, mitgeteilt werden. Es war keine Enttäuschung. Einer nach dem anderen glaubte, daß Gott ihn rief, weiterhin mit YWAM zu arbeiten und selbständig, aber miteinander verbunden, missionarisch tätig zu werden. War dies Wirklichkeit? Ja, wir hatten tatsächlich mit dem Mulitplikationsprozeß begonnen, von dem ich so lange geträumt hatte ... junge Leute kamen zu uns zu einem kurzen Sommerdienst, manche blieben, um unsere Schule zu besuchen und gingen dann selbständig hinaus, um in Frankreich, England, Deutschland oder Spanien missionarisch tätig zu sein. Jannie und Jimmy wollten nach Skandinavien gehen.

Ich blickte zu Don und Deyon Stephens hinüber, denn sie waren die einzigen, die noch ruhig am Ende des Kreises saßen und bis jetzt nichts gesagt hatten. Deyons Augen glänzten, ihr breites Lächeln vertiefte sich. „Don?" fragte ich. „Was gibt's?" Don lehnte sich in seinem Stuhl vor und erzählte, wie er an jenem Morgen befürchtet hatte, ich würde ihn aufrufen, denn bis Mittag hatten er und Deyon nicht gewußt, was sie tun sollten. Sie hatten wochenlang gebetet, aber nichts schien klar zu sein.

„Ich hatte schon fast aufgegeben. Es schien kein Licht aufzuleuchten; wir bekamen keine Führung von Gott.

Dann nahm ich während der Mittagspause ein neues *Time* Magazin zur Hand, das auf unserem Bett lag. Ich öffnete es und begann, die Bilder von München und von dem Gelände dort zu betrachten, auf dem die Anlagen für die Olympischen Spiele gebaut werden, die im Sommer 1972, also in zwei Jahren, stattfinden sollen. Aus irgendeinem Grund mußte ich auch an die Tausende von kommunistischen Jugendlichen denken, die ich vor kurzem in Ostberlin aufmarschieren sah und die ihre Parolen sangen. Es war ein unheimliches Gefühl, denn keiner dieser Jugendlichen hatte Licht in den Augen. Es war, als ob Tote marschierten."

Er sah zu mir herüber und holte tief Luft, während er sich mit der Handfläche auf die Brust schlug. „Loren", sagte er, „ich glaube, wir sollten Christen nach München schicken, die während dieser Olympischen Spiele durch die Stadt ziehen. Ich glaube, es wäre eine großartige Gelegenheit, alle möglichen Menschen von beiden Seiten des Eisernen Vorhangs zu treffen und ihnen von Jesus Christus zu erzählen. Denn mit all den Sportlern und Besuchern wird dort in München die gesamte Welt im Kleinformat anzutreffen sein!"

Ich spürte eine innerliche Erregung, als er dies sagte, und ich wußte, daß es richtig war. Und ich war nicht der einzige — Ausrufe der Begeisterung und der Zustimmung waren im ganzen Kreis zu hören. Hier geschah Multiplikation in Idealform. YWAM war ein Katalysator zur Freisetzung von Leuten wie Don. Gott hatte diese großartige Idee jemand anderem als mir in unserer kleinen Schule gegeben. Als ich daran dachte, wie Don aufgestanden war und sich vor der Gruppe gedemütigt hatte, war ich froh, daß er es war, den Gott ausgewählt hatte. Ich vertraute ihm.

„Wieviele junge Leute sollten wir deiner Meinung nach nach München schicken, Don?" fragte ich. Er senkte einen Augenblick lang seinen Blick und sagte dann:

„Zweihundert."

Die Zahl erschien mir niedrig, aber auch mit dieser Zahl von Leuten würde es eine große Herausforderung sein. Besonders angesichts der begrenzten Unterkunftsmöglichkeiten während der Olympischen Spiele.

Dies war also unser abschließendes Treffen. Der Verlauf hatte mich begeistert. Am Ende beteten wir, segneten die jungen Leute und sandten sie in viele verschiedene Richtungen aus.

Schließlich fuhren auch Don, Deyon und ihr Kleines ab. Sie bepackten ihren Kleinbus hoch mit Gepäck und verließen uns, um München auszukundschaften.

Ich hatte das Gefühl, an der Schwelle eines sehr großen Ereignisses zu stehen.

KAPITEL 12

Die Gefahr des Erfolgs

Ich wünsche von ganzem Herzen, ich hätte — früh genug, um all den Kummer zu vermeiden — eines der wichtigsten Prinzipien göttlicher Führung erkannt. *Der Herr führt uns zum Sieg, aber Erfolg ist das gefährlichste Hindernis, um die Stimme Gottes richtig zu hören.*

Wir hatten davon keinerlei Ahnung, als wir uns in die verwickelten Abenteuer begaben, die uns bevorstanden.

Es war ein rauher, kalter Tag, zwei Jahre nachdem Don Stephens das erste Mal davon geträumt hatte, Freiwillige zu den Olympischen Spielen zu bringen. Ich dachte an eine riesige Heidelberger Druckerpresse und fragte mich erneut, wo wir sie hinstellen könnten, während ich einen grauen Bürgersteig in Kopenhagen entlangeilte. Die Druckerpresse wog zwei Tonnen, und wir wollten sie dazu benutzen, eine Million christlicher Traktate für die Besucher der Olympischen Spiele in München zu drucken, die bereits in sechs Monaten stattfinden sollten. Die Druckerpresse war uns zusammen mit Geld für Papier und Druckerfarbe geschenkt worden. Unser einziges Problem war, daß wir keinen Platz für sie hatten. Sie sollte in zwei Wochen geliefert, aufgestellt und sogleich in Betrieb genommen werden.

Ich trat vom Randstein auf die Straße herunter, wich einem Volvo aus und vergrub mich noch tiefer in meinen Mantel. Ich beeilte mich, in die kleine Wohnung von Jimmy und Jannie zurückzukehren, die als Einsatzzentrum diente.

Einen Platz zur Unterbringung einer Druckerpresse zu finden war natürlich nur ein kleiner Teil unseres Problems. Hunderte von jungen Leuten sollten nach München kommen. Don gab zu, daß er zu niedrig kalkuliert hatte, als er zunächst geschätzt hatte, wir würden vielleicht 200 Freiwillige haben. Nachdem wir in den USA, Kanada, Südafrika und Europa junge Leute angeworben hatten, wußten wir jetzt, daß es um die 1000 Freiwillige sein würden. Und wir hatten immer noch keine Unterkünfte für sie!

Don war mehrmals in München gewesen, um nach Unterkünften zu suchen. Auf seiner ersten Reise, vor fast zwei Jahren, erfuhr er, daß alle größeren Hotels und Jugendherbergen in einem Umkreis von zwei Autostunden von München bereits ausgebucht waren.

„Wir müssen zumindest eine Garage oder etwas Ähnliches finden, so daß wir die Druckerpresse in Betrieb nehmen können!" war unser letzter Entschluß gewesen, als Don und ich fieberhaft nach einer Antwort auf unser dringendstes Problem suchten.

Ich machte mir eigentlich keine Sorgen um die Unterbringung der Druckerpresse oder der Jugendlichen. Es würde sich etwas finden, so wie immer. Ich dachte an die letzten zwei Jahre zurück und wie mühelos alles gelaufen war. „Jeder Christ kann es für sich selbst entdecken — Gottes Führung ist allen zugänglich", erinnerte ich mich, vielleicht etwas vorlaut gesagt zu haben. „Suche nur ein Wort vom Herrn hinsichtlich dessen, was er tun will; teile sein Wort anderen mit und beobachte dann, was geschieht."

Ein Jahr zuvor, etwa einen Monat vor der Geburt unseres Sohnes David, hatte Gott uns Anweisung gegeben, das Hotel Golf zu kaufen. Bis dahin hatte YWAM nichts besessen außer einigen Schreibmaschinen, einer kleinen gebrauchten Druckerpresse (die einen bedeutenden Fortschritt darstellte gegenüber der alten Vervielfältigungsmaschine, die wir zu der Zeit, als Bob und Lorraine uns mit den ersten Ankündigungen halfen, benutzt hatten) und einer dürftigen Sammlung von gebrauchten Kleinbussen und Autos. Aber Gott hatte uns zum Kauf angewiesen, und so gaben wir es bekannt. Ich entschloß mich fest, niemals zu zweifeln, daß das notwendige Geld eintreffen würde, und zwar rechtzeitig.

Jede Woche erhielten wir etwas mehr Geld für den Erwerb des Hotels Golf. Wir alle trugen auch unseren Teil dazu bei; die Jugendlichen opferten zusammen mit uns ihr Geld für den Kauf auf. Dar und ich glaubten, daß es Gottes Wille für uns war, unser „kleines Nest" in La Puente zu verkaufen und den Erlös als Spende zu geben. Und das taten wir auch. Am allerletzten Tag, als das Geld fällig war, fehlten uns immer noch 10.000 Dollar. Ich ging beim Postamt vorbei, um ein letztes Mal zu sehen, ob etwas angekommen war, bevor ich unsere Zahlung machte. In unserem Postfach befanden sich Spenden von vier verschiedenen Leuten, die an unsere Sache glaubten. Es schien fast unglaublich — es waren im ganzen 10.060 Dollar. Aus reiner Neugier überprüfte ich das Postfach vier Tage lang, nachdem wir den vollen Betrag gezahlt hatten, aber es kamen keine Spenden mehr — kein Pfennig.

Ich wußte einfach, daß sich das Problem der Unterbringung in München ebenfalls lösen würde. Und wir würden einen Standort für die Druckerpresse finden. „Es muß jedoch bald geschehen!" dachte ich, denn die Olympischen Spiele sollten in sechs Monaten beginnen.

Tatsächlich klingelte das Telefon ein paar Tage später. Es war Don. „Loren, ich glaube, wir haben einen Platz für die Druckerpresse — und für tausend Jugendliche —gefunden!"

„Ja, wirklich? Das ist großartig, was ist es? Ein Lagerhaus? Ein Zeltlager?" „Nun, nein...es ist ein Schloß."

Als er das Wort Schloß sagte, hörte ich das innere Klicken. Es war absurd, aber als Don das Schloß beschrieb, das zum Verkauf angeboten wurde, wußte ich, daß es für uns bestimmt war. Nachdem Don aufgelegt hatte, betete ich darüber, ob wir das Schloß kaufen sollten und erkannte, daß dieses Gebäude nicht nur für die Olympischen Spiele dienen sollte, sondern als ständiger Stützpunkt in Deutschland. Mit jeder Stunde fühlte ich das stille „Ja" in mir stärker werden.

Ein paar Tage später traf ich Don Stephens in München, um zusammen mit ihm das Schloß anzusehen. Wir verließen die Stadt und fuhren eine Stunde lang über flache Felder in Richtung auf das Dorf Hurlach. Wir bogen auf eine Landstraße ab und erblickten das Schloß — es stand wie ein Riese am Horizont. Unser Schloß! Es hatte zwei Zwiebeltürme. Wir fuhren langsam durch das Tor die Einfahrt hinauf und hielten vor einer massiven, mit Schnitzwerk verzierten Tür. Wir stiegen aus und blickten zu dem vierstöckigen Schloß und den anliegenden niedrigeren Gebäuden hinauf.

„Es ist riesig!" flüsterte ich Don zu.

Wir klingelten an der Tür, und bald darauf führte uns der Hausmeister durch das Gebäude. Alles war in ausgezeichnetem Zustand — vom Keller bis zum Speicher. Das Schloß war im 16. Jahrhundert erbaut worden, und der gegenwärtige Besitzer, das Kinderhilfswerk SOS-Kinderdorf, hatte die Gebäude vor kurzem renoviert. Es waren genügend Räume und sanitäre Anlagen für 150 Leute vorhanden. Aber mit verschiedenen Speicherräumen und fast einem Hektar Land schätzte ich, daß wir vorübergehend Hunderte unterbringen könnten.

„Wir haben eine Garage gebraucht, und hier ist sie", sagte Don lachend. „Wir haben eine Garage bekommen und ein Schloß als Beigabe!" Wir gingen rasch auf ein anliegendes Gebäude zu, um die Garage zu besichtigen —sie war groß genug für unsere Druckerpresse.

„Und auf dem Gelände hinter dem Schloß", sagte ich, „können wir ein Zelt aufstellen für unsere Schulungskurse."

Wir fuhren mit einem deutschen Dolmetscher zurück nach München, trafen uns zu einer Besprechung mit den Eigentümern und machten ihnen ein Angebot, das die Einzelheiten der Bedingungen einschloß, die mir Gott gegeben zu haben schien. Wir vereinbarten, daß wir innerhalb einer Woche eine Anzahlung machen würden. Wir verpflichteten uns weiterhin, bis Ende August eine weitere Zahlung zu leisten — die während der Olympischen Spiele fällig sein würde.

Wir verabschiedeten uns einige Minuten später und hatten die Schlüssel zu einem Schloß in der Hand. Es verlief alles so mühelos. Innerhalb einer Woche traf das Geld für die Anzahlung ein, das von christlichen Freunden in Europa gespendet wurde. Unser Glaube wurde dadurch sehr gestärkt. Einige Tage später wurde die Heidelberger Druckerpresse an unser Schloß in Hurlach geliefert, und unsere Drucker begannen, Traktate mit der Evangeliumsbotschaft in Deutsch, Englisch und Französisch zu drucken.

Anfangs schien es, daß die Idee nicht von Gott sein konnte.

Es geschah nicht lange, nachdem Don ins Schloß eingezogen war, nur vier Monate vor den Olympischen Spielen, im März 1972. Ich befand mich auf einer weiteren Rundreise entlang der Pazifischen Küste und rief junge Leute auf, sich uns für das dreiwöchige Unternehmen in München anzuschließen. Als ich so von einem Land zum anderen reiste, erwartete ich durchaus nicht, was Gott als nächstes tat, teilweise deshalb, weil es nichts mit den Olympischen Spielen zu tun hatte. Gott bereitete uns auf Ereignisse vor, die noch in der Ferne lagen.

Ich flog von Seoul nach Hongkong, und die Stewardeß hatte gerade mein Tablett mit dem Mittagessen abgeräumt. Wir flogen in südlicher Richtung über das Gelbe Meer. Ich hob die Jalousie, die die rechteckige Luke bedeckte. In der Ferne sah ich etwas verschwommen das Festland liegen und wußte, daß dies China sein mußte. Wir dürften in der Nähe von Schanghai sein, schätzte ich.

Plötzlich unterbrach die Stimme Gottes meine Gedanken. „Es ist Zeit, daß du dich weiter mit dem Schiff beschäftigst."

Ich war erstaunt. „Bist Du es, Herr?" fragte ich automatisch. Seit dem Wirbelsturm Cleo auf den Bahamas wußte ich, daß unsere Missionsarbeit einen doppelten Charakter haben sollte — Gott zu lieben und Menschen zu helfen. Und ein Schiff würde ein ideales Werkzeug für beides sein. Aber der Gedanke überwältigte mich. Ich konnte mir schon lebhaft vorstellen, was ein Schiff alles mit sich bringen würde — eine erfahrene Besatzung finden, internationale Bedingungen des Schiffahrtswesens zu erfüllen, hohe Geldbeträge aufzubringen, um dieses Hilfsschiff in Gang zu halten und mit Proviant zu versorgen.

„Gott, wenn Du willst, daß wir jetzt damit beginnen, hilf mir bitte, ganz sicher zu sein. Ein so großes Unternehmen zu beginnen, könnte uns teuer zu stehen kommen."

Ich hatte keine Ahnung, wie hoch der Preis sein würde.

Einige Wochen später hatte ich in Neuseeland gerade zu einer Gruppe junger Leute über München gesprochen. Ich war gern in dieses schöne Land mit seinen grünen, mit Schafen bevölkerten Hügeln, zurückgekehrt. Ich hatte hier so vieles über die Wege Gottes gelernt. Ich hatte Kalafi Moala hier getroffen, sowie Jim und Joy Dawson und andere, die mir so viel bedeuteten. Wir hatten nun eine Kerngruppe ausgezeichneter Leiter für YWAM in

Neuseeland. Ich erzählte diesen Männern von meiner Erfahrung auf den Bahamas und dem Erlebnis im Flugzeug über Schanghai. Führte Gott uns, ein Schiff zu erwerben?

Sechs von uns versammelten sich zum Gebet. „Herr, wir brauchen Deine Hilfe. Du weißt, wie schwierig es sein wird, auch nur die richtigen Leute zusammenzubringen..." sagte jemand. Plötzlich hörten wir ein Klopfen an der Tür. Leicht verärgert über die Unterbrechung ging ich zur Tür, um zu sehen, wer es sei. Draußen stand ein von Wind und Wetter gezeichneter Mann um die Dreißig.

„Was gibt es, mein Herr?" fragte ich und warf einen flüchtigen Blick auf meine Freunde, die warteten.

Der Mann mußte bemerkt haben, daß er uns unterbrochen hatte, denn er platzte heraus: „Warum würde Gott einen Mann zum Missionsdienst berufen, der einfach nicht dafür qualifiziert ist?"

Es war eine seltsame Frage. Aber ein Drängen in meinem Geist ließ mich wissen, daß ich aufmerksam zuhören sollte. „Kommen Sie doch bitte herein!" sagte ich und öffnete ihm weit die Tür. „Was meinen Sie mit nicht qualifiziert?"

„Ich meine", sagte der Mann und trat verlegen ins Zimmer, „alles, was ich kenne, ist das Meer. Ich bin Oberingenieur und Schiffskapitän gewesen, und doch weiß ich, daß Gott mich zum Missionsdienst beruft. Das paßt doch niemals zusammen, oder?"

Nun, wir waren natürlich überwältigt von der direkten Art und Weise, wie der Herr uns antwortete. Der Seemann, so zeigte es sich, wollte sofort Arbeit, die wir ihm jedoch nicht verschaffen konnten. Dennoch verursachte die Tatsache, daß er bei uns vorbeigekommen war, während wir um Gottes Führung beteten, große Begeisterung. Unsere erste Aufgabe war München, aber wir wußten nun, daß Gott uns schon den Marschbefehl für später erteilte.

Ich machte mich auf den Heimweg und konnte es kaum erwarten, Dar zu erzählen, was geschehen war, und von ihr über den neuesten Stand der Dinge in München zu hören. Es blieb mir keine Zeit, über Neuguinea zu reisen, um Kalafi, Tapu und ihre beiden kleinen Mädchen zu sehen. Sie hatten 25 Mitarbeiter, und ich sagte mir, daß Kalafi wahrscheinlich eine großartige Arbeit leistete.

Dar und ich und unsere Kinder, vier Jahre und achtzehn Monate alt, bogen von der Autobahn von München ab und fuhren über flache Felder in Richtung Schloß Hurlach. In einer Woche würden Hunderte junger Leute von buchstäblich allen Erdteilen in dieses Dorf strömen. Das verschlafene kleine Dorf mit seinen mit Holz verkleideten Häusern, seiner weißgetünchten katholischen Kirche und den wenigen Geschäften würde drei turbulente Wochen erleben. Jugendliche mit Rucksäcken gingen bereits durchs Dorf. „Ist dir bewußt, Dar", sagte ich, „daß Hurlach nur eintausend Einwohner hat? Wir werden die Bevölkerung in nur einer Woche verdoppeln."

Dar lachte. „Ja, und ist dir bewußt, Loren Cunningham, daß du mir vor zehn Jahren gesagt hast, dein Lebensziel sei, eintausend junge Leute zur Evangelisationsarbeit auszusenden? Hier sind sie!"

Es war eine interessante, aber nicht befriedigende Feststellung. Wir hatten nun Ziele vor uns, die weit über mein ursprüngliches Ziel hinausgingen. Ziele, die den doppelten Charakter des geistlichen Dienstes einschlossen und die bereits im Entstehen waren.

Ich fuhr die Einfahrt hinauf und hielt vor der massiven, geschnitzten Eingangstür. Don muß schon auf uns gewartet haben. Er kam uns entgegen, um uns zu begrüßen, gefolgt von Deyon und ihrer zweijährigen blonden Puppe. „Kommt mit uns hinter das Schloß. Wir haben eine Überraschung für euch!"

Und dort, in den Zwischenraum zwischen Schloß und

hinterem Zaun eingezwängt, stand ein großes gestreiftes Zirkuszelt! Don erzählte mir, daß er es fast aufgegeben hatte, ein Zelt zu finden, denn es schien, daß jedes große Zelt in Europa vermietet worden war. Aber dann wurde eine Tanzveranstaltung abgesagt, „...und so haben wir nun unseren Versammlungsort“, sagte Don.

KAPITEL 13

München — die Welt im Kleinformat

Während der ganzen Woche kamen Jugendliche an, eintausend im Ganzen. Aus 52 Nationen und 50 verschiedenen Konfessionen. Jimmy und Jannie kamen in einem VW Bus an. Jim und Joy Dawson waren da — Jim, wie immer elegant gekleidet, und Joy mit ihrer direkten Art. Sie würde einer der Sprecher in unserem Zelt sein.

Der Plan für die drei Wochen war einfach. Jeden Tag sollten 500 junge Leute unter der Leitung von Don Stephens sich auf den Straßen Münchens aufhalten, während die anderen 500 unter meiner Leitung im Schloß zurückbleiben würden, um sich durch Unterricht, Gebet und Bibellesen aufzufrischen. Dann sollten die Gruppen am nächsten Tag wechseln. Die Jugendlichen sollten um fünf Uhr morgens aufstehen, belegte Brote fürs Mittagessen mitnehmen und mit dem Zug nach München fahren. Sie würden erst um Mitternacht wieder zurückkehren. Wir hofften, Umzüge durch die Innenstadt machen zu können und gegen Ende der drei Wochen ein großes Musikfest zu veranstalten.

Vom allerersten Tag an stießen wir jedoch auf die schlimmste Art von Widerstand, die wir uns vorstellen konnten — auf *Gleichgültigkeit*.

Wir waren uneingeladene Gäste auf einer Party. Die Atmosphäre in München glich einem Karneval. Es war eine schwierige Aufgabe, die festliche Stimmung zu unterbrechen und mit Menschen über ernstere Dinge zu reden. Der Sport war der große Götze — die Welt lag ihm zu Füßen. Die sportlichen Wettkämpfe waren die Antwort auf das Fragen nach Frieden und Brüderlichkeit. Die deutschen Behörden, die sich eifrig darum bemühten, der Welt reibungslose Olympische Spiele zu bieten, verboten die Umzüge, die wir geplant hatten und ordneten an, daß wir das Musikfest, das mit anderen christlichen Gruppen zusammen geplant worden war, außerhalb von München abhalten sollten.

Wir mußten deshalb improvisieren. Wir spezialisierten uns darauf, in kleinen Gruppen zu arbeiten, von denen einige auf Schulhöfe gingen, andere in Parks, wo sich junge Kommunisten und Drogenabhängige trafen, und wir hielten improvisierte Kundgebungen überall in der Stadt und auf dem Olympischen Gelände ab. Im Olympischen Dorf sprachen unsere Jugendlichen mit Sportlern von Ländern hinter dem Eisernen Vorhang. Fanden wir jemanden, der mehr über Gott erfahren wollte, so brachten wir ihn zu einem großen Geschäft, das wir in ein Kaffeehaus umgewandelt hatten. Dort redeten wir mit ihm über Jesus Christus.

Wir hatten gute Ergebnisse, aber es war nicht einfach. Wir hatten nun zwei Wochen lang hier gewirkt, und das große Problem in dieser Atmosphäre des Vergnügens und des Wettbewerbs war immer noch die allgemeine Gleichgültigkeit.

All das änderte sich, als der Götze der Weltverbrüderung-durch-Sport zerbrach.

Ich sprach zu den Jugendlichen im großen gestreiften Zelt früh am Dienstagmorgen, den 5. September, als ich eine gewisse Unruhe im hinteren Teil des Zeltes bemerkte. Es ging ein Geflüster durch die Sitzreihen und die Gesichter verdunkelten sich besorgt. Schließlich eilte ein junger Mann in Bluejeans den Mittelgang entlang und überreichte mir einen Zettel.

Ich las ihn fassungslos. Arabische Terroristen waren ins Olympische Dorf eingedrungen und hatten zwei israelische Wettkämpfer ermordet und neun als Geiseln genommen. Ich gab den jungen Leuten die Nachricht bekannt, und wir begannen zu beten.

Wir verschoben den Unterricht, teilten uns in kleine Gruppen auf und baten Gott, aus diesem tragischen Vorfall auf irgendeine Weise etwas Gutes hervorzubringen. Wir erfuhren später, daß die 500 Jugendlichen von YWAM, die mit Don in der Stadt unterwegs waren, das Gleiche taten, wo immer sie sich gerade befanden. Sie knieten still im Kreis nieder, nur einige Meter von dem durch die Polizei abgeriegelten Bezirk entfernt, wo die Terroristen die Sportler als Geiseln festhielten. Andere Jugendliche knieten auf den Gehsteigen in der Innenstadt von München nieder. Sie knieten auch in unserem Kaffeehaus. Und zusammen mit der ganzen Welt hielten wir den Atem an.

Das Drama endete rasch in einem Ausbruch der Gewalt, und neun weitere Israelis, fünf Araber und ein Deutscher kamen ums Leben.

Der Karneval der Olympischen Spiele verwandelte sich über Nacht in ein Begräbnis. Die Menschen irrten ziellos in den Straßen umher. Plötzlich wurden unsere jungen Leute akzeptiert, denn wir waren als Boten der Hoffnung in München. Wir weinten mit den Weinenden und versicherten ihnen, daß Jesus Christus auf ein tragisches Geschehen wie dieses eine Antwort hat. Und Menschen öffneten ihre Herzen: am selben Tag, an dem die Terroristen ihren Angriff durchführten, führte eine junge Israelin von YWAM einen arabischen Moslem zum Glauben an ihren Messias.

Dar und ich konnten nicht länger draußen auf dem Land bleiben. Wir mußten mit den übrigen jungen Leuten nach München gehen. Wir standen mit einer Gruppe im Vergnügungspark auf dem Olympischen Gelände, sangen und lenkten so die Aufmerksamkeit unserer Zuhörer auf Gott. Die Leute kamen langsam herein, füllten das Amphitheater und hörten ruhig zu. Als wir geendet hatten, kam ein attraktives deutsches Mädchen um die Zwanzig auf uns zu und fragte: „Seid ihr Jesus-People?"

Dar und ich antworteten gleichzeitig. „Ja." Auf ihrem Gesicht zeigte sich plötzlich ein sehnsüchtiges Verlangen.

„Ich gehöre nicht zu den Jesus-People. Aber ich möchte gern dazugehören." Wir nahmen sie mit zum Kaffeehaus und stellten sie Don vor, der deutsch sprach. Er fand heraus, daß sie in Europa umhergewandert war und versucht hatte, einen Sinn im Leben zu finden. Sie fand ihn an jenem Abend, und verkündete mit einer schwungvollen Armbewegung: „Jetzt kenne ich Jesus Christus. Ich gehöre nun auch zu den Jesus-People!"

Nach dem tragischen Vorfall mit den israelischen Sportlern änderten die städtischen Behörden ihre Meinung über uns. Ein Polizeibeamter sagte zu Don: „Ihr Christen seid das einzig Erfreuliche, das uns in den letzten drei Wochen passiert ist." Sie erlaubten uns nun, Umzüge zu halten und spendeten sogar Tausende von Blumen aus den städtischen Anlagen, die wir verteilten, während tausend Christen zum Gedächtnis an die Toten durch die Innenstadt marschierten. Wir druckten 10.000 Zeitungen auf unserer Heidelberger Druckerpresse in der Schloßgarage.

Die Zeitungen wurden uns aus der Hand gerissen.

Auf der Titelseite war ein Bild von einem arabischen und einem jüdischen YWAMer zu sehen; sie standen Arm in Arm da und verkündeten, daß Jesus Christus der einzige Weg zur Weltbruderschaft sei.

Die drei Wochen der Olympischen Spiele waren vorbei und hatten mit einem tragischen Vorfall geendet, den München nie vergessen wird. Die drei Wochen waren auch für uns vorbei. Sie hatten uns Anteilnahme am Leid von Menschen ermöglicht, aber wir hatten das Gefühl, daß sie außerdem einen neuen Anfang kennzeichneten.

Aufgrund großzügiger Spenden konnten wir die ersten Zahlungen für unser Schloß leisten und wußten, daß wir jetzt einen dauernden Stützpunkt in Deutschland hatten. Kurz bevor das große gestreifte Zelt abgebaut wurde, sammelten wir ein Opfer ein, bei dem unsere jungen Leute entweder Geld *in* den Korb hineinlegen oder *aus* dem Korb herausnehmen konnten. Je nachdem, wie Gott sie führte und was ihre nächsten Pläne waren. Viele der Freiwilligen brauchten Geld für Flugkarten, denn sie hatten beschlossen, zu einem unserer zwanzig Einsatzorte in der ganzen Welt zu gehen und weiterhin mit YWAM zu arbeiten. Andere beschlossen, auf eine der drei Schulen zu gehen, die nach dem Vorbild von Lausanne entstanden waren. In fast allen Fällen ergaben sich zusätzliche Kosten: lange Überseegespräche über den Atlantik oder Pazifik mit den Eltern, um neue Pläne zu besprechen, denn wir betonten, daß die Kommunikation mit Eltern und Gemeindeleitern aufrecht erhalten werden müsse.

Das Ende der Olympischen Spiele erlaubte es auch mir, meine Aufmerksamkeit auf etwas Neues zu richten. Die nächste Angelegenheit, bei der ich der besondern Führung Gottes bedurfte, betraf das Schiff. Ich wußte irgendwie schon, wie das Schiff beschaffen sein sollte: 150 Meter lang, Schlafraum für mehrere hundert Menschen, eine schwimmende Schule mit großen Laderäumen, um Menschen in Not mit dem Nötigen zu versorgen. Wir würden medizinische Teams an Bord haben und Hunderte von jungen Leuten, die in den Häfen an Land gehen würden, um die Gute Nachricht zu verbreiten. Wir würden das Schiff weiß anstreichen — symbolisch für die Reinheit Gottes.

Als mir zum dritten Mal jemand von einem Fährboot namens *Maori* erzählte, das in Neuseeland zum Verkauf angeboten wurde, begann ich, aufmerksam zu werden.

Im April 1973, dreizehn Monate, nachdem Gott mir

gesagt hatte, die Sache mit dem Schiff weiter zu verfolgen, reiste ich nach Neuseeland, um mir die *Maori* anzusehen. Wir hatten bereits einen Kapitän und andere geeignete Besatzungsmitglieder gefunden. Sie waren nun in Lausanne und besuchten unsere Schule.

Als wir in Wellington ankamen, flog unser Flugzeug vor der Landung tief über den Hafen. Die hügelige Stadt, an einer Meeresbucht gelegen, sah San Francisco sehr ähnlich.

Dann sah ich *sie* unter uns liegen. Es konnte nur die *Maori* sein. Das Schiff sah genau so aus, wie es mir von Freunden beschrieben worden war: etwa 135 Meter lang, schwarz, mit weißem Oberdeck und einem blau und orangefarbenen Schornstein, so lag es ruhig am Fuße der Hügel von Wellington. Ich dachte voller Zuversicht: „Ich blicke auf unser Ziel hinunter."

Ein Vertreter von der Union Steamship Gesellschaft und einer unserer Leiter von YWAM-Neuseeland begleiteten mich, als ich den Landungssteg zur *Maori* hinaufging. Es war wirklich ein schönes Schiff. Drei Decks oberhalb, zwei unterhalb, Schlafgelegenheit für 920 Personen und ein großes Autodeck, das 120 Fahrzeuge oder mehrere Tonnen Ladung aufnehmen konnte. Es gab auch ein Restaurant, einen Gesellschaftsraum und eine kleine Krankenstation. Ich wußte ganz einfach, ohne zu zögern, daß dies das Schiff war, auf das wir gewartet hatten.

Ich hatte keine Ahnung — wirklich keine Ahnung — als wir aus vielen Richtungen Ermutigungen zum Weitergehen erhielten, daß ich im Begriff war, den bedauerlichsten Fehler zu begehen, den wir machen können, wenn wir die Stimme Gottes zu hören suchen. Ironischerweise war es ein Fehler, der erst spät in dem Abenteuer mit der Führung Gottes gemacht wird, genau dann, wenn alles sehr gut zu laufen scheint.

KAPITEL 14

Der Mann im Schatten

Ich war wirklich nicht besonders an Geld interessiert; Dar und ich, die fünfjährige Karen und der zweijährige David wohnten immer noch in vier Zimmern in einem Anbau des Lausanner Hotels. Ich interessierte mich jedoch sehr für den Aspekt der Führung Gottes, der sich auf finanzielle Mittel bezog, und es schien, daß Gott uns rasch dahin führte, die *Maori* zu erwerben. Vier Monate, nachdem ich das Schiff selbst besichtigt hatte, schickte ich Wally Wenge, unseren Geschäftsführer, nach Neuseeland, um mit der Union Steamship Gesellschaft über das Schiff zu verhandeln. Wir vereinbarten zum 4. September 1973 eine Anzahlung von 72.000 Dollar. Der restliche Betrag würde dreißig Tage später fällig sein.

Sogleich erhielten wir eine Ermutigung. Ein Geschäftsmann rief mich von England aus an und teilte mir mit, daß Gott ihn leitete, etwas für YWAM zu tun. Der Betrag, den er uns schickte, war mehr als genug für unsere Anzahlung. Wally Wenge rief mich an und erzählte, daß in der neuseeländischen Presse Berichte über junge Missionare erschienen, die behaupteten, Gott habe sie angewiesen, die *Maori* zu kaufen. Das Schiff war schon lange Zeit in Betrieb gewesen und war zu einer Art Wahrzeichen geworden. Die Leute interessierten sich für unsere Geschichte. Bald wußte jeder im Land von unserem Handel.

Wir waren zuversichtlich. Angesichts des Erfolgs, den wir in der Vergangenheit gehabt hatten, schien diese Zuversicht gerechtfertigt. Wir gaben einige weitere Erklärungen an die Presse ab und unterstrichen die Tatsache, daß Gott nicht nur zu seinem Volk redet, sondern daß er es auch versorgt. Das gefiel den Zeitungen. Eine Schlagzeile lautete: „Jugendliche sagen 'Gott wird uns das Schiff geben!'" Wir gaben bekannt, daß das Schiff in dreißig Tagen, wenn die Restzahlung fällig wäre, von Neuseeland nach Kalifornien fahren würde. Es würde Mitte Oktober dort ankommen — also in zwei Monaten. Ich war überglücklich. Und warum nicht? Jeden Tag erlebten wir neue Freisetzungen. Entweder war es ein Freiwilliger für die Mitarbeit oder Geld oder ein besonderes Angebot: eine Gesellschaft versprach uns kostenlos die nötige Farbe, um die *Maori* ganz neu weiß zu streichen; der Innenarchitekt der Queen Elizabeth II stellte seine Dienste kostenlos zur Verfügung; einige Farmer versprachen, Getreide und Fleisch zu liefern, um es an die Armen zu verteilen. Und das allerwichtigste, ein Geschäftsmann von Manila versprach, den Rest des Kaufpreises aufzubringen. Er mußte nur sein Kapital aus den Philippinen herausholen.

Es ging alles sehr schnell.

Allein die Verwaltung all dieser Freisetzungen hielt mich ständig beschäftigt. Eines Tages spürte ich das Bedürfnis in mir, mein Tempo zu verlangsamen, und eine Woche allein mit Gott im Beten und Fasten zu verbringen.

In dieser Woche änderte sich alles.

Ich saß ruhig da, betete und hatte meine Bibel im Hebräerbrief aufgeschlagen. Plötzlich sprangen mir die Worte in Kapitel 12, Vers 26 + 27 ins Auge. „Noch einmal will ich erschüttern, diesmal aber nicht nur die Erde, sondern auch den Himmel..., damit allein das bleibt, was nicht erschüttert werden kann."

Ich war wie vom Schlag getroffen. „Oh, nein! Ich hoffe, dies bedeutet nicht unser Schiff!"

Am nächsten Tag rief ich — nicht ohne Besorgnis —unser Büro in Kalifornien an, das nun Jim Dawson verwaltete, nachdem er und Joy sich uns als vollzeitige Mitarbeiter angeschlossen hatten.

„Was ist heute für das Schiff eingegangen?“ fragte ich.

„Überhaupt nichts, Loren.“ Seltsam.

„Hat unser Geschäftsmann von Manila schon sein Kapital aus den Philippinen herausbringen können?“

Es war keine Nachricht von den Philippinen eingetroffen. Seltsam. Wir alle dachten, daß dies nur eine Geschäftsroutine sei. Ich war verwirrt. Die Worte auf jener Seite des Hebräerbriefes hatten eine solche Kraft in sich. Vielleicht bezogen sie sich wirklich auf das Schiff!

Während der restlichen Tage meiner Gebetswoche rang ich mit dieser offenbar warnenden Führung Gottes, aber ich konnte zu keinem klaren Entschluß kommen. Vielleicht würde ich mehr erfahren, wenn ich mich mit 93 Leitern von YWAM während der folgenden Woche in Osaka in Japan, traf. Wir hatten gute Erfahrungen damit gemacht, die Stimme Gottes zu hören, wenn wir alle zusammen waren.

Zwei Wochen vor unserem Zahlungstermin gegenüber der Union Steamship Gesellschaft küßte ich Darlene und verabschiedete mich von ihr, um nach Osaka zu reisen, mit einem (wie es sich zeigte) wichtigen Zwischenaufenthalt in Seoul, Korea.

Während meiner Reise dachte ich darüber nach, welch entscheidende Bedeutung diese jährlichen Treffen der Leiter gewonnen hatten. In den dreizehn Jahren seit Beginn unserer Arbeit waren wir zu einer Familie von 200 jungen Missionaren aus 15 Ländern angewachsen, von denen viele ein eigenes Einsatzgebiet hatten, mit örtlicher finanzieller Unterstützung und Selbstverwaltung. Wir waren in Freundschaft und im Geist durch unsere gemeinsame Berufung und Schau verbunden. Aufgrund einer derartigen Dezentralisierung war YWAM von Treffen wie diesem bevorstehenden in Osaka abhängig. Unsere Beziehungen zueinander waren entscheidend für unseren

Zusammenhalt.

Dies erschwerte meine Position um so mehr, falls dieses Wort von Gott über „Erschütterungen" wirklich das Schiff betraf. Ich fühlte mich unwohl bei dem Gedanken, meinen Freunden gegenüberzutreten (Don Stephens würde dort sein, sowie Jim und Joy Dawson, meine Schwester Jannie und ihr Mann Jim, Kalafi und seine Frau Tapu...und Dutzende anderer) und ihnen zu sagen, daß das Schiff in Gefahr stand.

Während wir uns unserem Ziel näherten, begann ich zu denken, daß die Warnung, die ich aus dem Hebräerbrief empfangen hatte, sich vielleicht doch nicht auf unser Schiff bezog. Nach und nach gewann ich wieder an Zuversicht. Als ich zu meinem Zwischenaufenthalt in Seoul ankam, rief ich unseren Geschäftsführer Wally Wenge in Neuseeland an. Er war sehr zuversichtlich. Unsere 110 Freiwilligen und Besatzungsmitglieder aus zehn Ländern waren fleißig bei der Arbeit, das Schiff zu reinigen und es von vorn bis hinten auf Hochglanz zu bringen. Gut!

Ich bin sicher, daß die zuversichtliche Stimmung der Grund dafür war, daß ich durch die seltsamen Ereignisse, die folgten, so erschüttert wurde.

Ich lag früh am nächsten Morgen auf meiner asiatischen Pritsche und betete. In drei Tagen würde ich nach Osaka zur Konferenz fliegen. Der äußerste Zahlungstermin für das Schiff war in zehn Tagen.

Ich beruhigte allmählich meine Gedanken, und konzentrierte mich auf Jesus, gab mich ihm neu hin und betete ihn an. Ich war bereit, auf alles zu hören, was sein Geist mir zu sagen hatte.

Plötzlich sah ich ein inneres Bild. Es war dem Bild von den Wellen, das ich vor 17 Jahren gesehen hatte, nicht unähnlich. Aber was ich diesmal sah, war erschreckend...

Ich sah mich vor einer großen Gruppe von Leitern von YWAM stehen. Ich verkündete überschwenglich: „Wir haben das Schiff bekommen! Gott hat uns das Geld für die *Maori* gegeben!" Die Menge applaudierte, schwenkte lebhaft die Arme über ihren Köpfen und schrie. Dann sah ich plötzlich eine Gestalt im Schatten zu meiner Linken stehen, von uns allen unbeachtet. Ich betrachtete das Gesicht näher und sah, daß es betrübt war. Dann begriff ich auf einmal — es war Jesus Christus! Wir ignorierten ihn. Wir jubelten einem Schiff zu und vergaßen Christus!

Ich vergrub mein Gesicht, unfähig, den schrecklichen Anblick auszulöschen. „Oh, Gott, vergib mir! Ich habe meine Augen auf das Schiff gerichtet, das Du uns geben willst und sie von Dir abgewendet! Ich ... wir ... verdienen nicht, es zu besitzen. Wir wollen Dich nicht Deiner Ehre berauben und sie einem Stück Metall geben."

Ich weinte eine lange Zeit und fühlte, daß Gott mich erhörte und mir vergeben hatte. Aber ich wußte auch, daß ich nicht der einzige war, dessen Einstellung korrigiert werden mußte. Ich hatte den Leitern am Montag in Osaka eine düstere Botschaft zu verkünden. Wir mußten uns mit dem Herrn in dieser Angelegenheit ernsthaft auseinandersetzen, ehe wir an irgend etwas anderes dachten.

Ich zwang mich zu einem Lächeln, als wir am Flughafen von Osaka eintrafen. Kalafis Arbeit mit YWAM war nun dort in Japan stationiert, und er und seine Frau Tapu holten mich am Flughafen ab. Kalafi hatte sich nicht verändert, außer daß seine eckige Gestalt etwas stärker geworden war. „Du siehst einem königlichen Tonganesen immer ähnlicher", sagte ich und versuchte, meinen Kummer im Moment nicht zu zeigen. Kalafis Frau war kleiner als er; sie war hübsch und hatte schwarzes, leicht gelocktes Haar und ein schüchternes Lächeln. Sie führten mich zu ihrem Kleinbus und warnten mich vor der einfachen Herberge, die sie für unser Treffen gefunden hatten. „Es ist nicht das Ritz", sagte Kalafi.

Wir unterhielten uns während der Fahrt über ihre Arbeit. Bildete ich es mir nur ein oder war Kalafi wirklich weniger fröhlich als ich ihn in Erinnerung hatte? Vielleicht waren es die Jahre...er war erst achtzehn Jahre alt gewesen, als ich ihn sechs Jahre zuvor das erste Mal in Neuseeland getroffen hatte. Kalafi beantwortete meine Fragen und erzählte mir über ihre Arbeit unter den Universitätsstudenten. Ich verwarf meinen ersten Eindruck.

Kalafi parkte vor der zweistöckigen schmucklosen Herberge in Otsu, das außerhalb von Osaka lag. Alle meine Freunde von YWAM kamen herbeigeeilt, um mich zu begrüßen, als wir in die Vorhalle traten. Alle waren gehobener Stimmung, und ich hegte still mein dunkles Geheimnis.

Es wurden mir harte Plastikpantoffeln, ein Handtuch und Bettücher von einer tüchtigen japanischen Hausherrin ausgehändigt. Dann stieg ich die steinernen Stufen zu meinem Zimmer hinauf. Ich warf die Bettücher auf eine Pritsche und legte mich hin. Ich freute mich ganz und gar nicht auf unsere erste Zusammenkunft an diesem Nachmittag.

Im zweiten Stock war ein Konferenzraum, in dem Stühle in drei halbkreisförmigen Reihen aufgestellt waren. Wir nahmen unsere Plätze ein. „Es gibt hier nicht viel, was uns ablenken könnte“, dachte ich, als ich mich in dem kahlen Raum umblickte.

Ich erhob mich und alle Augen richteten sich auf mich. Ich wußte, daß sie erwarteten, die neuesten guten Nachrichten über das Schiff zu hören.

Ich sprach stattdessen über den Eindruck, den Gott mir gegeben hatte — wie Jesus Christus sich im Schatten grämte, während wir einem Stück Metall die Ehre gaben.

Es war in Wirklichkeit eine einfache Geschichte. Ja, Gott hatte uns Anweisung gegeben, ein Schiff zu erwerben und hatte seine Führung wiederholt bestätigt; er hatte dabei all die Mittel benutzt, die wir gelernt hatten, um seine Stimme zu hören. Er gebrauchte das Prinzip der Weisen aus dem Morgenland; er gebrauchte Schriftstellen, die zu uns sprachen; er gab uns Geld und Leute und die innere Überzeugung — aber wir hatten in der *Art und Weise*, wie wir seine Führung ausführten, versagt. Wir hatten uns unbemerkt vom Geber abgewandt und der Gabe zugewandt.

Alle reagierten sofort und fast einstimmig ... und es war die gleiche Reaktion, die ich allein auf meiner asiatischen Pritsche in Seoul gehabt hatte. Einige fielen auf die Knie oder auf ihr Angesicht. Jemand begann zu weinen. Bald weinten wir alle, starke Männer und Frauen.

Sechs Tage lang trafen wir uns, nicht um zu jubeln, weil wir ein Schiff hatten, sondern um die Dinge in unserem Leben zu bekennen, in denen wir versäumt hatten, Gott an die erste Stelle zu setzen oder ihm die Verehrung versagt hatten. Die Bekenntnisse setzten sich Tag für Tag fort. Kalafi war einer von denen, die frei heraus sprachen. Er erhob sich mit ernstem Gesicht und erwähnte kurz, daß er Eheprobleme habe. Kalafi und Tapu hatten Schwierigkeiten? fragte ich mich überrascht. Kalafi ging nicht auf Einzelheiten ein, und bei all den schwerwiegenden Dingen, die ans Tageslicht gebracht wurden, kam ich irgendwie nicht dazu, ihn allein zu sprechen, um zu sehen, ob ich helfen könnte.

Jeden Tag kamen wir in dem kahlen, nüchternen Konferenzraum zusammen und erwarteten, daß das schwere Schuldgefühl von uns genommen würde. Jeden Tag entdeckten wir neue Bereiche in unserem Leben, die der Läuterung bedurften. Ein schmerzhaftes Bewußtsein von Gottes ehrfurchterregender Heiligkeit verbreitete sich im ganzen Raum. Wir begannen, uns großer gemeinsamer Fehler bewußt zu werden. Der größte davon war Stolz. Mit Entsetzen wurde uns klar, daß wir zu denken begonnen hatten, Jugend mit einer Mission sei Gottes „bevorzugtes Werkzeug“: wir seien „die geistlichste“ Missionsgesellschaft; wir hätten „mehr über Glauben“ gelernt als andere; wir seien „im Hinblick auf Freisetzungen Spezialisten". Wir blickten in unser Herz hinein, und es war ein abscheulicher Anblick. Zum ersten Mal wurde mir flüchtig bewußt, wie es sein wird, wenn wir vor dem Richterthron Gottes stehen werden.

Wir konnten nichts anderes tun als uns seiner Barmherzigkeit auszuliefern. Am siebten Tag sangen wir alle leise, als sich plötzlich eine ganz besondere, tiefe Stille über uns senkte. Wir fühlten in unserem Geist, daß Jesus in diesen kahlen Konferenzraum im zweiten Stock einer Herberge außerhalb von Osaka eingetreten war. Er nahm alle Schuld von uns. Wir waren rein; er hatte uns vergeben.

Nach einer Zeit des Lobgesangs wartete ich darauf, daß er etwas über das Schiff sagen würde. Aber es geschah nichts dergleichen. Ich wußte nicht, was ich tun sollte. Ich konnte nur hoffen, daß unsere Buße rechtzeitig erfolgt war und daß, wenn wir nun die rechten Prioritäten setzten und unsere Augen auf ihn gerichtet hielten statt auf ein Werkzeug, er die Situation retten und uns das Schiff immer noch geben würde.

Aber die Situation wurde nicht gerettet. Der Termin zum Geschäftsabschluß für die *Maori* kam. Ich rief Wally in Neuseeland an und erzählte ihm, was geschehen war. Er war natürlich ebenso überrascht, wie wir es gewesen waren. Ich bat ihn herauszufinden, ob wir von der Union Steamship Gesellschaft eine Zahlungsverlängerung erhalten könnten. Wally rief mich zurück und teilte mir mit, daß uns vier Wochen bewilligt worden seien. Die Besatzung, so sagte er, müsse aber das Schiff verlassen und die Renovierungsarbeiten einstellen. Ungefähr die Hälfte fuhr nach Hause; sechzig blieben jedoch und wurden von Christen in Wellington aufgenommen. Wie wäre es mit einem Darlehen, Loren?" wagte Wally zu äußern. „Drei Leute haben sich angeboten, uns Geld zu leihen, um das Schiff zu kaufen." Seiner Stimme fehlte jegliche Überzeugung, und wir wußten beide, daß es zu diesem Zeitpunkt nicht richtig wäre, ein Darlehen aufzunehmen.

Wir waren niedergeschlagen, als wir Osaka verließen und uns voneinander verabschiedeten, um zurück zu unseren eigenen Posten überall in der Welt zu gehen. Ich flog zurück zu Dar, die von der Schweiz nach Kalifornien gekommen war und auf mich wartete. Sie war wie wir alle über die neuesten Entwicklungen sprachlos. Sie und ich hatten erwartet, in Kalifornien zu sein, wenn die *Maori* einlief.

Wir waren nun in die Vereinigten Staaten zurückgekehrt, und Darlene und ich begannen intensiv zu beten. „Bist Du es wirklich, Herr?" fragte ich immer wieder. Warum hatte Gott unser Schiffsprojekt nicht wiederhergestellt? Vielleicht würde er es während der drei Wochen vor unserem neuen endgültigen Termin am 2. November doch noch tun. „Hilf uns, lieber Herr, hilf uns zu verstehen, was Du tust", betete Darlene.

Dieses Gebet wurde zumindest beantwortet. Wir erhielten einen Einblick in Gottes Wirken durch Joy Dawson, die an der Konferenz in Osaka teilgenommen hatte und uns einige Tage später anrief.

„Loren", sagte Joy, „ich habe gerade die Geschichte von Lazarus gelesen. Ich las den Teil, wo Jesus sich entschloß, Lazarus nicht zu heilen. Er wartete vielmehr, bis sein Freund starb und *weckte ihn dann von den Toten auf.* In diesem Fall brachte seine Auferstehung Gott mehr Ehre als eine Heilung."

Mein Herz verkrampfte sich. „Loren, ich glaube, daß Gott dies jetzt zu YWAM sagt — daß er uns eine Wahl gibt. Das Schiff kann gerettet werden. Aber er wird größere Ehre empfangen, wenn wir eine Auferstehung annehmen. Das Schwerwiegende daran ist, daß, wenn wir das Schiff sterben lassen, etwas anderes mitsterben wird ... unser „guter Ruf". Was mich und meine kleine Rolle bei YWAM betrifft, würde ich letzteres vorziehen."

Die Gewißheit, daß Joy die Wahrheit sagte, ließ alles

andere in den Hintergrund treten. Ich wußte nun, welche Wahl wir hatten. Nachdem wir aufgelegt hatten, betete ich selbst, um Sicherheit zu erlangen, aber die Wahrheit nahm nur noch festere Gestalt an. Gott gab uns eine Gelegenheit, ihm größere Ehre zu erweisen, indem wir unseren Traum sterben ließen, so daß er ihn von den Toten auferwecken könnte.

Zuerst mußten natürlich die Pläne für die *Maori* wirklich aufgegeben werden. Wirklich „sterben". Und wir mußten mit ihnen „sterben". Ich dachte an all das, was in den neuseeländischen Zeitungen über uns geschrieben worden war, besonders damals, als wir entschieden erklärten, daß Gott uns das Schiff geben würde, und ich wußte, ich schuldete den Menschen in Neuseeland eine Erklärung. Das Vertrauen der Menschen auf Gott könnte Schaden erlitten haben. Die Menschen könnten leicht bezweifeln, daß Er wirklich zu uns redet und für uns sorgt.

Ich setzte mich hin und schrieb einen Brief an eine Zeitung in Neuseeland. Der Brief wurde abgedruckt. Ich erklärte darin, wie Gott uns geführt hatte, ein Schiff zu kaufen, aber *wir* hatten versagt, indem wir dem Schiff größere Ehre erwiesen als dem Herrn. Die Reaktion der Leser erfolgte unmittelbar und war abweisend, besonders unter einigen Christen, die erklärten, wir hätten anmaßende Behauptungen geäußert. Was konnte ich dazu sagen? Ich wußte nur, daß seit dem Tag vor vier Wochen, als ich im Hebräerbrief las, daß Gott das erschüttern würde, was erschüttert werden kann, kein einziger Dollar für das Schiff eingegangen war (in völligem Gegensatz zu den letzten sechs Monaten), kein einziger Artikel gespendet worden war, keine weiteren Mitarbeiter oder neuen Aufgabenbereiche freigesetzt worden waren. Nichts. Und die philippinische Regierung weigerte sich immer noch, das Kapital, das unserem Freund gehörte, freizugeben. Dies alles war geschehen, obgleich es keine Möglichkeit gab, daß die Leute von der Änderung erfahren hätten. Der

Zustrom war plötzlich versiegt, und nur Gott konnte es verursacht haben.

Die freundlichen Herren von der Union Steamship Gesellschaft gaben uns erneut eine Verlängerung — diesmal eine Woche. Wir nahmen sie an, denn wir hatten keine Ahnung, auf welche Art Gott die Auferstehung bewirken würde. Aber das Ende schien nahe zu sein. Es war, als ob wir einen geliebten Menschen an einer schweren Krankheit dahinsiechen sahen.

Die Sache verschlimmerte sich noch dadurch, daß 90 Studenten nach Los Angeles kommen wollten, um eine Schule an Bord des Schiffes zu besuchen. Ich rief sie an und bot ihnen an, stattdessen zu einem Schulungskurs nach Hawaii zu kommen.

Ich muß gestehen, daß mir das Herz schwer war, als ich einige Wochen später mit meiner Familie vom Internationalen Flughafen in Los Angeles nach Hawaii flog. Als wir dann vom Flughafen Honolulu aus die Pali Straße entlangfuhren, dachte ich darüber nach, wie anders unser Besuch diesmal war. Es war der gleiche Sonnenschein, das gleiche leuchtend blaue Wasser, das Diamond Head umgab. Auch die tropischen Bäume mit ihren gelben, weißen und rosa Blüten hatten sich nicht verändert. Nein, der Unterschied war in unserem Innern. Jedes Mal, wenn ich zuvor nach Hawaii gekommen war, war ich voll freudiger Erwartung gewesen — wir probierten ein ganz neues Experiment aus, oder ich traf Darlene nach langer Abwesenheit wieder, oder wir planten eine Schule, die sich von allem bisherigen unterschied.

Dieses Mal kamen wir nach Hawaii, um zu warten.

Wir bogen von der Straße ab und fuhren auf einen Lagerplatz in Kaneohe, auf der von Honolulu entgegengesetzen Seite der Insel. Neben dem Parkplatz, gegenüber der Kaneohe Bucht, befand sich der Speise- und Versammlungsraum und die Küche. Auf dem Parkplatz war ein öffentliches Telefon — keine Zelle, sondern nur eine

Plastikblase auf einem Pfosten, die das Telefon schützte. Es war das einzige Telefon, das sich auf dem Lagerplatz befand. Ich wußte, ich würde vor dieser Plastikblase viel Zeit zubringen, während wir uns einen Weg durch die Wirrnis der *Maori* bahnten.

Darlene, die Kinder und ich gingen zu unseren Baracken, hölzerne Bauten mit Wänden, die an den Seiten nur zwei Drittel der Höhe erreichten und oben mit Drahtnetzen abgeschlossen waren. Es gab keine Schränke und keine Abflußrohre, — die Toiletten waren in einem anderen Gebäude. Es war nur ein Lager.

In dieser einfachen Umgebung geschah es jedoch, daß wir eine Führung Gottes erhielten, die uns bis auf den heutigen Tag mehr als jede andere überraschte.

KAPITEL 15

Drei Schritte, um die Stimme Gottes zu hören

Es war anfänglich kein Hinweis auf irgendeine Führung Gottes zu erkennen, als sich Gottes Plan für unser Leben weiter entfaltete. Es schien, daß wir nur warteten. Das Schiff war tot. Unser „guter Ruf“ hatte Schaden erlitten. Was Dar und mich jedoch am meisten beunruhigte, war der Mangel an klarer Führung.

„Sind wir wirklich gehorsam, Loren?“ fragte Dar, während ich mürrisch umherlief und die Koffer auspackte. Nun, ja. Ich glaubte schon, wir seien gehorsam. „Dann brauchen wir nur auf Gott zu hören. Er wird uns zeigen, was seine Absichten sind.“

Dar beschäftigte sich damit, aus unserer winzigen Baracke in Kaneohe ein Zuhause zu machen. Es war kaum genügend Raum für vier Pritschen vorhanden. Dar hängte eine Wäscheleine auf und grenzte so einen Wandschrank ab, legte meine Aktenmappe auf den Boden und erklärte, dies sei mein Büro. Und Dar packte natürlich auch Karens und Davids eigene Teller und Tassen aus und ihre Photos von Großeltern, Tanten, Onkeln und Cousins. Es war dem Zelthaus, das meine Familie in Somerton, Arizona, mit Kisten als Möbel gehabt hatte, nicht unähnlich.

Es trafen tatsächlich alle 92 Studenten ein. Ich war erstaunt darüber, wie wunderbar flexibel junge Leute sind. Jim und Jan Rogers kamen auch. Als wir uns alle im Speisesaal des Lagers versammelten und ich erklärte, was geschehen war, schlossen sich alle zusammen und beteten um Gottes Leitung und warteten gespannt. Ich verbrachte viel Zeit am Telefon in der Plastikblase auf dem Parkplatz und redete mit Wally Wenge in Neuseeland über die *Maori*. Die Union Steamship Gesellschaft verlängert die Frist jetzt immer nur um einen Tag. Dann im November begannen Wind und Regen durch die Drahtnetze in unsere Baracken zu dringen. Bald sanken wir auf unserem Lagerplatz im tiefen Schlamm ein. Als ich Gott fragte, ob das, was wir taten, seinem Willen entsprach, antwortete er positiv; das Warten würde bald vorüber sein. Es vergingen noch mehrere Tage, und ich konnte immer noch keine Richtung erkennen.

Der Durchbruch begann in einer erstaunlichen Nacht. Ich hatte mich entschlossen, die ganze Nacht über wach zu bleiben und zu beten und hatte drei Mitglieder des Lehrkörpers, Jimmy und Jannie und Reona Peterson, gebeten, sich mir anzuschließen. Dar hatte das Gefühl, sie sollte bei den Kindern bleiben. So gingen wir vier gegen 10 Uhr abends zu einem kleinen hölzernen Anbau, drehten das Licht an und traten ein. Wir knieten uns auf dem rohen Fußboden neben ein paar Klappstühlen nieder. Wir folgten den drei Schritten, die ich ursprünglich von Joy Dawson in Neuseeland gelernt hatte, um Gottes Stimme zu hören. Als erstes nahmen wir die Autorität Christi in Anspruch, um den Widersacher zum Schweigen zu bringen. Zweitens baten wir den Herrn, jegliche Mutmaßungen und vorgefaßten Meinungen von uns zu nehmen. Und drittens warteten wir ... im festen Glauben daran, daß er in der Weise und zu der Zeit reden wird, die er erwählte.

Eine kühle Brise wehte von der Meeresbucht zum Fenster herein und Eidechsen zirpten an den Wänden, während wir darauf warteten, daß Gott zu uns redete.

Wir hatten eine angeregte Zeit des Gebets für das Schiff und dann warteten wir von neuem. Die schwarzen Zeiger der großen Wanduhr zeigten 11 Uhr an. Reona sagte, daß ihr eine Bibelstelle in den Sinn gekommen sei.

Lukas 4,4. Ich erinnerte mich an die Zeit, als ich bei meinem ersten Besuch in Neuseeland das erste Mal mit dieser Art von Führung bekanntgemacht worden war. Jemand würde innerlich eine Bibelstelle „hören", ohne den Inhalt des Verses zu kennen. Der Schlüssel, so lernten wir damals, sei die völlige Hingabe an Jesus. Es war nicht irgendein Spiel, bei dem wir Schriftstellen aus der Luft griffen; wir warteten, hörten und konzentrierten uns allein auf Jesus. Wenn er uns dann aufforderte, einen bestimmten Bibelvers nachzuschlagen, taten wir dies, da wir wußten, daß Gott jegliches Mittel gebrauchen konnte, um uns zu leiten. Als wir nun in jener Nacht während unserer Gebetswache die Schriftstelle nachschlugen, die Reona gehört hatte, fanden wir einen Vers, der uns ermutigte, weiterhin auf Gott zu warten — der Abschnitt im Lukasevangelium, wo Jesus sagt, daß der Mensch von jedem Wort Gottes lebt.

Wir verfielen von neuem in Schweigen. Die Zeiger der Uhr glitten auf 1.30 Uhr, aber eine erwartungsvolle Spannung hielt mich wach. Ich wußte, Gott würde bald sprechen. Wir warteten nochmals eine lange Zeit in völliger Stille. Ich war überrascht, als ich sah, daß es 3.30 Uhr war. Und ich bemerkte, daß meine arme Schwester neben ihrem Stuhl auf den Knien eingeschlafen war.

Dann begannen wir drei plötzlich von Gott zu hören. Zwei Dinge kamen mir deutlich in den Sinn. Das eine war das Wort „Kona". Ich wußte, das dies ein Ort auf Big Island war, obwohl ich niemals dort gewesen war. Das zweite war ein inneres Bild von einem Leuchtturm auf Big Island, dessen Lichtkegel weit über den Pazifik in Richtung Asien strahlte.

Ich konnte es nicht verstehen. Mich beschäftigte eigentlich der Schiffsdienst, der ins Leben zurückgerufen werden sollte. Aber Gott sprach von Kona und einem Leuchtturm. Ich unterbrach die Stille und teilte Reona und Jimmy meinen Eindruck mit (Jannie schlief immer noch). Dann schlug ich vor, in eine „zweite Runde“ des Gebets zu gehen. „Herr“, betete ich, „hilf uns zu verstehen, was Du uns sagen willst.“

Es traten neue Gedanken auf. So der Gedanke einer Art Schule, die nicht eine unserer regulären Evangelisationsschulen wäre, sondern eine viel breitere Ausbildung bietet. Reona hörte Gott auch noch über eine Farm sprechen. Und das größte aller Rätsel war das Bild von einem großen weißen Schiff in einer Bucht.

Die Zeiger der Uhr standen nun auf 5.30 Uhr morgens. Mir schwindelte der Kopf von all der neuen Information. Ein Leuchtturm. Eine große Schule. Big Island — Kona. Eine Farm. Ein weißes Schiff in einer Bucht.

Jimmy weckte Jannie auf, und wir erhoben uns von unseren steifen Knien. Ich dankte den anderen für ihre Beteiligung und ging den dunklen, schlammigen Pfad zu unserer Baracke hinunter. Ich kletterte auf meine Pritsche und versank erschöpft und dennoch voller Freude in einen tiefen Schlaf.

Es schienen nur Minuten vergangen zu sein, als Dar mich sanft an der Schulter wach rüttelte und verkündete, es sei Zeit zum Aufstehen. Ich erzählte ihr rasch von der unglaublichen Nacht und eilte dann zum Speiseraum für den Morgenunterricht. Die Studenten saßen bereits an den langen Tischen, die vom Frühstück gesäubert worden waren. Neunzig Gesichter blickten zu mir herauf. Die meisten waren junge Leute, Mädchen mit langem, glattem Haar und Mittelscheitel; sie trugen Bluejeans oder lange weite Röcke. Die jungen Männer waren alle in Bluejeans gekleidet; manche hatten langes Haar und Bärte, andere waren glatt rasiert.

„Einige von uns haben gerade eine sehr interessante Nacht zusammen verbracht, um vom Herrn zu hören“, begann ich. „Ich weiß jedoch nicht, ob Gott will, daß ich euch mitteile, was er uns gesagt hat. Wir wollen deshalb abwarten, um zu sehen, ob er euch die gleichen Dinge sagt.“ Ich erklärte ihnen die gleichen Schritte, die wir gemacht hatten, um die Stimme Gottes zu hören: die Vollmacht über den Widersacher in Anspruch zu nehmen, unsere eigenen vorgefaßten Meinungen abzulegen und dann auf die Stimme Jesu zu hören.

Dann warteten wir.

Es drang Kindergeschrei vom Spielplatz herein.

„Wer will der Erste sein?“

Ein Mädchen mit einem vollen Gesicht und runder, randloser Brille meldete sich schüchtern. „Dies klingt komisch, aber ich hatte einfach einen Eindruck von einem großen Buchstaben K.“

Seltsam, dachte ich. „Sonst noch jemand?“

Ein Junge mit einem blonden Bart sagte schnell: „Ich erhielt das Wort ’Kona’!“ Nun wurde ich aufgeregt. Jemand anderes hatte das Wort ’Vulkan’ empfangen. Die einzigen tätigen Vulkane in Hawaii befinden sich auf Big Island.

Der unglaubliche Morgen setzte sich fort, während die Jugendlichen sich überall im Raum mit einem Wort von Gott meldeten, daß sie erhalten hatten. „Ich bekam ein Bild von einem großen Gebäude — ich glaube, es ist irgendeine Schule“, sagte ein Junge. Jemand anderes erwähnte eine Farm, und jemand sah ein weißes Haus auf einem Hügel.

Mein Herz klopfte laut vor Aufregung. So viele Dinge von der vorangehenden Nacht wurden wiederholt, daß es mir ehrlich gesagt schwerfiel, zu *glauben*, was ich hörte. Ich war froh, daß 90 Leute anwesend waren, die Zeugen sein konnten.

Der Teil, der mich wirklich innerlich berührte, kam am Ende der Gebetsversammlung.

Ein Mädchen hatte einen Eindruck über ein Schiff erhalten.

Sie sagte, es sei weiß und in der Bucht einer Insel verankert.

Es war unglaublich, was alles geschah! Zwei Wochen vergingen nach jener unglaublichen Erfahrung mit der Gebetsnacht. Wir hatten einen überraschenden Blick in die Zukunft geworfen. Im Moment mußte ich mich jedoch mit der Realität auseinandersetzen ... mit dem Sterben eines Schiffes und mit sechzig Besatzungsmitgliedern, die — wie ich wußte — durch die ganzen Vorgänge verletzt worden waren. Und so flog ich Anfang Dezember nach Neuseeland. Wally Wenge holte mich am Wellingtoner Flughafen ab. Sein Gesicht war grau. „Es hat keinen Zweck, dir die Nachricht vorzuenthalten, lieber Freund. Es ist jetzt offiziell bekanntgegeben worden — die Union Steamship Gesellschaft hat soeben die Verhandlungen geschlossen. Wir haben unser Schiff verloren."

Keiner von uns beiden redete viel, als Wally mich zum Hafen fuhr, um unseren dahingeschiedenen Traum zu sehen. Im Dezember ist es Frühsommer auf der südlichen Erdhalbkugel, und so glitzerte die Sonne auf dem Wasser der Meeresbucht — ein Bild, das nicht zu unserer Stimmung paßte. Wally und ich standen vor der *Maori*, die mit eingezogenem Landesteg am Dock befestigt war und keinen Zugang erlaubte. Ich bemerkte plötzlich, daß wir beide still waren, wie vor einem Sarg.

Dann trafen wir uns mit den sechzig übriggebliebenen Besatzungsmitgliedern. Ich erzählte ihnen von Lazarus. „Wenn unsere Führung von Gott richtig ist, so wird die *Maori* nicht für uns „geheilt" werden. Sie ist jetzt tot, und der Herr wird den Traum von den Toten auferwecken, wann und wie er es will."

Als ich in ihre Gesichter sah — Männer, Frauen, Teenager, die so viel geopfert hatten — konnte ich ihren Schmerz fühlen. Manche waren von weit her nach Neuseeland gekommen, um Teil des Traumes zu sein. Viele hatten gute Stellungen aufgegeben, ihr Einkommen und ihre Beförderung geopfert. Sie hatten zusammen Tausende von Stunden damit verbracht, die *Maori* zu reinigen und hatten die Decks liebevoll mit Seifenwasser geschrubbt. Sie schmerzte es am meisten.

Als ich nach Hawaii zurückkehrte, wußte ich, daß ich jemanden über das Ende unseres Traumes informieren mußte. Es regnete wieder, und ich duckte mich unter einen Schirm, als ich am Telefon auf dem Parkplatz des Kaneohe Lagers stand. Ich gab der Vermittlung die Telefonnummer, die ich erreichen wollte: die Wohnung eines Mannes in England, der uns das Geld für die Anzahlung des Schiffes geschenkt hatte. Die Anzahlung, die wir gerade eingebüßt hatten. Niedergeschlagen stand ich unter meinem Regenschirm, als das Telefon am anderen Ende der Leitung klingelte. Ich hatte ein ähnliches Gefühl wie damals, als ich zehn Jahre alt war und die fünf Dollar des Haushaltsgelds meiner Mutter verloren hatte.

Eine Stimme mit einem ausgeprägten britischen Akzent antwortete am anderen Ende, und ich meldete mich und begann mit meinem Bericht. Ich erzählte, was geschehen war, einschließlich des Eindrucks von dem betrübten Jesus und den Sündenbekenntnissen in Osaka, insbesondere des Bekenntnisses unseres Stolzes; wie das Sündenbekenntnis die Tür zu Gottes Führung erneut geöffnet hatte und daß Gott uns eine Wahl gegeben hatte: wir konnten entweder die Situation mit der *Maori* „heilen" oder einen schwereren Weg einschlagen und ihm vertrauen, daß er unseren Traum in der von ihm erwählten Art und Weise von den Toten auferwecken würde.

„Du versuchst mir also zu sagen, Loren, daß ihr das Geld für die Anzahlung verloren habt", sagte mein Freund.

„Das ... das ist richtig."

Einen Moment lang war es still am anderen Ende, und nur das Knacken im Verbindungskabel war zu hören. Schließlich sagte mein britischer Freund: „Ich betrachte mein Geld als gut angelegt, Loren! Gott hat es dazu benützt, eure Organisation vor sich zu demütigen. Ich erwarte, daß ihr nun mit besonderer Kraft vorangeht. Herzlichen Glückwunsch!“

Nun war ich *wirklich* gedemütigt. Welch ein Mann Gottes dieser englische Geschäftsmann doch war!

Die Sonne ging gerade auf in Kaneohe, Hawaii, aber ich war bereits wach. Es war ein Monat vergangen, seit wir das Schiff verloren hatten. Dar und ich, Karen und David, lagen auf unseren Pritschen in unserer Baracke. Unsere Koffer waren gepackt und standen bereits an der Tür. Wir waren dabei, in die Schweiz zurückzukehren.

Als ich so im Licht der Morgendämmerung auf meinem Bett lag, überflog ich in Gedanken die letzten zehn Wochen unseres Schulungskurses. Diese Wochen hatten wir auf unserem Schiff verbringen wollen. Wir hatten den Kurs stattdessen in einem schlammigen Lager abgehalten. Es war erstaunlich, wie gut sich die jungen Leute anpaßten — nicht nur an die körperlichen Strapazen, sondern auch an die Ungewißheiten. Und nun war es Zeit für uns, nach Hause in die Schweiz zurückzukehren.

Nach Hause. Es war ein wenig verwirrend, denn irgend etwas ließ mich wissen, daß ich eines Tages hierher zurückkehren würde. Trotz des Windes, des Regens und des Schlammes hatte ich Wurzeln geschlagen. Besonders nach jener nächtlichen Gebetsversammlung, als wir das Angesicht des Herrn suchten, und nach dem darauffolgenden Morgen, als die Jugendlichen die gleichen seltsamen Hinweise auf Gottes Führung erhielten, die — bis jetzt jedenfalls — niemand völlig verstand.

Unser Flugzeug senkte sich über das winterliche Tal beim Genfer See. Don Stephens holte uns ab; sein glattes braunes Haar war fast völlig von einer Fellmütze im russischen Stil bedeckt. Don fuhr uns nach Hause zu dem Hotel in Lausanne. Das vertraute quadratische Gebäude neben dem Nadelwald sah recht einladend aus. Das Hotel war jetzt mit beiger Farbe gestrichen; die grünen Fensterläden, deren Farbe schon abgeblättert war, waren nun dunkelbraun. Wir standen einen Moment lang auf dem Parkplatz, während unsere Atemwolken in der Luft hingen; wir dachten daran, wie wir dieses Gebäude das erste Mal vor über vier Jahren mit Brettern vernagelt gesehen hatten. Wir besaßen nicht viel mehr als unsere Träume, als wir einzogen und die Spinngewebe ausfegten. Seit jener Zeit hatten sich fast alle unsere Träume verwirklicht. Wir hatten Tausende von Freiwilligen aus 60 Ländern ausgesandt und an 35 Orten Operationszentren gegründet.

Nur ein sehr wichtiger Traum hatte sich nicht verwirklicht: Das Schiff.

Don schleppte unsere Koffer von seinem Wagen zum Haus, und so beeilte ich mich, ihm zu helfen. Als wir in unsere Wohnung im Anbau des Hotels eintraten, ließ der dreijährige David seinen Teddybär auf sein Bett fallen, das dem seiner fünfjährigen Schwester gegenüberstand, und wir waren daheim.

Außer daß ich mich irgendwie nicht mehr heimisch fühlen konnte.

Könnte es sein, daß gerade diese Reaktion ein Teil dessen war, was Gott uns sagte? Während der folgenden Wochen begannen wir, uns wieder der gewohnten Routine hinzugeben, aber es fiel mir schwer, mich zu konzentrieren. An einem Morgen während einer Unterrichtsstunde versuchte ich meine Unzufriedenheit zu analysieren. Don hatte während meiner Abwesenheit eine großartige Arbeit geleistet. Wir erhielten aus ganz Europa Berichte über die schöpferische und erfinderische Evangelisationsarbeit der Jugendlichen unter seiner Leitung.

Don sprach nun zu den Jugendlichen im Klassenzimmer über die Pläne für den Sommer. Plötzlich bemerkte ich, wie er zu mir herübersah und einen Moment lang zu zögern schien. Ich konnte seine Gedanken erraten. Vielleicht sollte er sich erst mit mir besprechen? Der kurze Augenblick ging vorüber, und Don setzte seine Rede fort, aber es war mir plötzlich bewußt geworden, daß die Multiplikation wirklich stattgefunden hatte. Don war jetzt der Leiter dieses Zentrums. Es war Zeit, mich auf die Suche nach neuen Abenteuern zu begeben.

Es war eine seltsame Zeit für jemanden, der auf die Führung Gottes baut, denn obgleich ich deutlich *von* einem Ort weggeführt wurde, wurde ich nicht ebenso deutlich *zu* einem anderen Ort hingeführt. Ich sollte nicht in Europa bleiben, soviel war gewiß. Und das Schiff war aus unserem Blickfeld verschwunden. Wir hatten es unwiederbringlich verloren.

Eines Tages, als ich gerade in meinem Schaukelstuhl in unserer Wohnung saß, rief Wally Wenge aus Neuseeland an.

„Loren, ich dachte, es würde dich vielleicht interessieren... die *Maori* wurde heute aufs Meer hinaus abgeschleppt. Sie wurde an eine Verschrottungsgesellschaft in Taiwan verkauft. Einige unserer Besatzungsmitglieder standen am Hafen und sahen zu, wie der Schlepper sie wegzog..."

Ich hängte den Hörer auf und blickte zu den von Nebel verhüllten Bergen. Ich fühlte die gleiche Hilflosigkeit, die mich überkommen hatte, als Tante Sandra und später Tante Arnette an Krebs starben. Aus dem Nebenzimmer war das glückliche Geplauder Karens und Davids zu hören. Dar kam mit ein paar Tassen heißer Schokolade herein. Ich erzählte ihr von Wallys Telefonanruf.

„Die *Maori* ist tot — tot, Darlene." Sie sagte nichts. Wir saßen still da und blickten zum Fenster hinaus. Es war Januar und draußen war es neblig. Ich dachte an die schmerzliche Zeit während der vier Monate, nachdem Gott gesagt hatte, er würde all das erschüttern, was erschüttert werden kann. „Ich habe mich niemals so ... ohne Richtung .... gefühlt."

„Ich weiß, Schatz. Wir haben unser Eisen verloren."

Ich wußte sofort, auf welches Prinzip der Führung Gottes sich Darlene bezog. Duncan Campbell, der drei Jahre lang an unserer Schule unterrichtete, hatte uns von Elisa und den Prophetenjüngern erzählt. Einer der Jünger Elisas hatte beim Bäumefällen sein Axt-Eisen verloren. Elisa wies den Jünger an, an die Stelle zurückzugehen, an der er das Eisen zuletzt gehabt hatte. Und da, an der Stelle, gab Gott ihm das Werkzeug wieder, das er brauchte. Manchmal, so sagte Duncan, verlieren wir vorübergehend unser Eisen — unser bestes Schneidewerkzeug für den geistlichen Dienst, die klare Stimme Gottes. Es hilft, wenn wir an die Stelle zurückgehen, wo wir mit Sicherheit zuletzt die scharfe Schneide der Stimme Gottes gehört haben.

Wo hatten wir zuletzt Gott zu uns reden gehört?

Es war mir ganz klar.

„Es besteht kein Zweifel, Dar", sagte ich. „Die letzte Stelle, an der wir unser Eisen hatten, war jene nächtliche Gebetsversammung in Hawaii." Und was hatte er gesagt? Wir hatten Gott in jener Nacht über die *Maori* Fragen gestellt, aber er hatte stattdessen von einem Leuchtturm auf Big Island für den Pazifik und für Asien zu uns geredet.

Dar und ich redeten bis spät in den Nachmittag hinein — unsere Schokolade neben uns auf dem Tisch war inzwischen kalt geworden — und dachten über die Worte Gottes nach, die er auf so geheimnisvolle Weise verschiedenen Gruppen gegeben hatte. Er hatte von Konas Küste auf Big Island gesprochen, von einem großen weißen Haus auf einem Hügel, von einer Farm, einer neuen Art von Schule...und sogar von einem weißen Schiff in einer Bucht. Wir waren uns sicher, daß dies die Stelle war, wo das Eisen lag.

Wir waren besonders gefesselt von der Idee eines Leuchtturms für den Pazifischen Ozean und Asien. Wir waren uns seit einiger Zeit immer mehr der großen Not in diesem Teil der Erde bewußt geworden. In dieser Region hatten die wenigsten Menschen das Evangelium gehört. Sechzig Prozent der Erdbevölkerung lebten hier, aber nur ein Prozent der Menschen in Asien konnte behaupten, eine persönliche Beziehung zu Christus gefunden zu haben.

Wir wußten nun *beide*, in welcher Richtung unser nächstes Abenteuer lag. Wir würden unseren Horizont erweitern. Hawaii war immerhin eine Brücke nach Asien.

„Wir werden Big Island zu unserem ständigen Wohnsitz machen", sagte ich.

Dar lachte, als ich das Wort „ständig" gebrauchte, denn sie dachte an die neun Jahre, die wir zusammen in Zelten, Klassenräumen und Lagern verbracht hatten. Das Zuhause unserer Kinder war fast buchstäblich ein Koffer geworden, bei dem wir Photos von Familienangehörigen am inneren Deckel befestigt hatten. Ich lachte mit ihr, denn ich war plötzlich erleichtert, daß wir wieder klar den Weg vor uns sahen.

Es war vielleicht ganz gut, daß keiner von uns beiden wußte, wie schwer es sein würde, auf diesem Teil der Erde als unserer Brücke nach Asien Fuß zu fassen.

KAPITEL 16

Kalafi kehrt nach Hause zurück

Es lag etwas in der Luft. Ich konnte es spüren. Es waren drei Jahre vergangen, seit Darlene, die Kinder und ich uns von unserem Zuhause in Lausanne verabschiedet hatten, drei Jahre, seit Dar ihre geliebten Feldblumen in der Umgebung des Hotels in Lausanne mit den leuchtenden Blumen auf Big Island in Hawaii vertauscht hatte.

Ich bog mit unserem YWAM Kleinbus in eine Zufahrtsstraße ein, die zu den baufälligen Gebäuden führte, die von einem Dschungel von Büschen und Unkraut halb verdeckt waren. Das Schild auf der Hauptstraße, auf dem einige Buchstaben fehlten, verkündete „Pacific Empress Hotel." Darlene und ich, Karen und David, die jetzt acht und sechs Jahre alt waren, saßen zusammengedrängt auf dem Vordersitz. Zehn Jugendliche von YWAM saßen auf engem Raum im hinteren Teil des Busses. Drei weitere Fahrzeuge folgten dicht hinter uns. Wir trugen alle unsere älteste Kleidung für die schmutzige Arbeit, die vor uns lag. Als wir auf den Parkplatz kamen, der tiefe Schlaglöcher hatte, gab uns Karen eine kurze Zusammenfassung ihres Eindrucks.

„Was für ein Chaos!"

Ich bin dennoch sicher, daß wir alle das Grundstück auch noch mit anderen Augen sahen. Der Herr war am Wirken. Ich betrachtete das Gewirr tropischer Schlingpflanzen, das den viereckigen Häuserblock halb verdeckte, welcher vor acht Jahren, bevor es Bankrott gemacht hatte, das Pacific Empress Hotel gewesen war. Das leicht abschüssige, 18 Hektar große Gelände, welches das

Hotel umgab, war einst der Golfplatz gewesen. Wir hatten dies alles in dieser erstklassigen Lage mit nur einer kleinen Anzahlung erworben.

„Wir haben zumindest eine wunderschöne Aussicht", sagte Dar. Sie hatte sicherlich recht. Über uns war der Gipfel des Hualalei, des verloschenen Vulkans, der uns fruchtbares Land gab. Unter uns lag die glänzende, türkisblaue Meeresbucht von Kona. Ich konnte mir recht gut ein dort verankertes großes weißes Schiff vorstellen.

Wir machten uns an die Arbeit, das Land zu roden. Mit einem langen Buschmesser und einer Hacke tauchte ich in dem Gestrüpp unter, das einst ein tropischer Landschaftsgarten gewesen war und in dessen Mitte ein Swimmingpool lag. Überall auf dem Gelände begannen etwa hundert Freiwillige aus Lehrkörper und Studentenschaft unserer gegenwärtigen Evangelisationsschule das tropische Gewirr in Angriff zu nehmen.

Während ich in einen Rhythmus des Hackens, Niederkniens und Unkrautjätens verfiel, begann ich über die recht bemerkenswerten Ergebnisse jenes nächtlichen Gebetstreffens vor vier Jahren im Lager Kaneohe nachzudenken.

Mit nur einer verwirrenden Ausnahme war alles, was Gott uns in Kaneohe gezeigt hatte, eingetroffen. Wir befanden uns tatsächlich auf Big Island. Genauer gesagt, wir befanden uns an der Küste Konas von Big Island, wie es der Junge mit dem blonden Bart vorausgesagt hatte. Und, wie es ebenfalls in jener Nacht vorausgesagt wurde, besaßen wir nun eine 22 Hektar große Farm; ein Mann war auf mich zugekommen und hatte gesagt, daß Gott ihn angewiesen hatte, sie uns zu schenken. Und das große weiße Haus auf dem Hügel, das wir gesehen hatten? Das war nun auch im Besitz von YWAM und diente der Unterbringung von Personal und Studenten für unsere neue Jüngerschaftsschule.

Oberflächlich gesehen schien es, daß wir unseren Auftrag erfüllten. Warum waren Darlene und ich aber immer noch ruhelos? „Es ergibt einfach keinen Sinn", sagte ich zu mir selbst, während ich eine weitere Handvoll Unkraut herauszog, das in der Lava wuchs. Aber in den letzten drei Jahren hier auf Big Island hatten wir beide das Gefühl gehabt, daß es noch etwas anderes gab. Eines Tages — etwa ein Jahr zuvor — entdeckte ich den Grund dafür, als eine Frage in meinem Innern Gestalt annahm: „Loren, hast Du in letzter Zeit dein Leben gegenüber deiner ursprünglichen Berufung überprüft?"

Es war ein Prinzip der Führung Gottes, das ich vernachlässigt hatte. Wir sollten unsere Fortschritte regelmäßig mit unserem ursprünglichen Auftrag vergleichen. Meine Berufung war klar: den doppelten Charakter des Evangeliums zu verkündigen. Durch Jesus Christus ist es möglich, Gott von ganzem Herzen zu lieben und unseren Nächsten zu lieben wie uns selbst.

Wie erfolgreich — so hatte ich mich während dieses Rückblicks gefragt — waren wir darin gewesen, diese doppelte Liebe in alle Welt zu tragen?

Ich hatte den Eindruck, daß wir bisher zu wenig getan hatten, unseren Nächsten an dem Punkt zu erreichen, wo es am meisten nötig war. Seit der Erfahrung auf den Bahamas hatte ich von einem Schiff geträumt, das auf Missionsreisen ging, um anderen Barmherzigkeit zu erweisen, und uns dabei helfen sollte, unserem Nächsten in der Not beizustehen. Wir hatten unseren ersten Versuch auf dem Altar lassen müssen, da er Jesus Christus seiner Herrlichkeit beraubt hatte. Aber wir waren ermutigt worden, an unserem Traum festzuhalten. Besonders eines dieser ermutigenden Zeichen bedeutete mir sehr viel: in irgendeiner unserer verpackten Kisten befand sich eine kleine Wandplakette, die meine Mutter mir geschickt hatte, und welche darauf wartete, aufgehängt zu werden. Auf der Plakette stand: „Gib das Schiff nicht auf."

Und wie war es um den zweiten identischen Aspekt

bestellt, Gott mit ganzem Herzen, ganzer Seele und ganzer Kraft lieben zu lernen? Wir hatten an diesem Aspekt schwer gearbeitet. Die Gute Nachricht war oft von Christen in einem „religiösen" Rahmen, gewöhnlich bei einer großen Versammlung irgendwo in einer Gemeinde, vermittelt worden. Aber die säkulare Welt benützt so viele andere Bereiche, um ihre Botschaften zu vermitteln: die Künste, die Unterhaltung, die Familie, die Erziehung, die Medien, das Geschäftsleben, die Regierung.

Plötzlich — an jenem Tag vor einem Jahr, als ich mich mit meiner ursprünglichen Berufung erneut auseinandersetzte — erweiterte sich die Vision.

Angenommen — und mein Herz klopfte — angenommen, wir bilden junge Leute, besonders aus Asien und den pazifischen Inseln, in genau diesen strategisch wichtigen Gebieten gesellschaftlicher Kommunikation aus. Unser Ziel würde sein, Tausende junger Leute in diese gesellschaftlichen Bereiche, die unser Denken bestimmen, einzuführen und sie so als Multiplikatoren für die Mission einzusetzen. Wir würden in unserer Ausbildung Beziehungen ebenso betonen wie Kopfwissen ... Beziehungen zu Gott und untereinander. Wir würden einen zirkulierenden Lehrkörper von Experten einsetzen, die abwechselnd kommen würden, um mit den Studenten im dörflichen Lebensstil Asiens und des Pazifiks zu leben. Die Betonung würde auf praxisbezogener Ausbildung liegen.

Und hier standen wir also nun auf dem Gelände unserer „Universität".

„Du hast wirklich Sinn für Humor, Herr", sagte ich und übertönte das laute Geräusch der Machete, mit der ich mit voller Wucht auf einen Busch einhieb. „Nur Du könntest so schöpferisch sein und dieses alte Hotel in eine Universität umwandeln." Ich dachte jedoch daran, wie die Universitäten Harvard, Yale und Princeton in ähnlicher Weise von Männern gegründet worden waren, die kämpfen mußten, um einen Traum zu verwirklichen und die sich auf das Evangelium konzentrieren wollten. Es schien ein fortlaufender Prozeß zu sein. PACU, die Pacific and Asia Christian University, würde sich nun zumindest in einer Hinsicht dieser erhabenen Tradition anschließen —wir begannen mit nichts als einer Überzeugung und mit einem Herrn, der uns führt und leitet.

Im Augenblick begannen wir jedoch die ungeheure Aufgabe damit, das Land zu roden und die Gebäude des alten Hotels zu reparieren. David kam mit der Aufregung eines Sechsjährigen auf mich zugerannt, um mir zu berichten, daß soeben ein Traktor eingetroffen sei.

„Komm, schau Papa! Der Traktor zieht die stacheligen Büsche mit einer Kette aus dem Boden. Komm, schau!"

Dankbar legte ich mein Buschmesser beiseite, nahm Davids Hand und ging mit ihm zu dem willkommenen Traktor. In jenem kurzen Augenblick sah ich in die Zukunft. Ich sah den Tag vor mir, an dem Tausende junger Männer und Frauen über den gleichen Erdboden und als Missionare hinaus in die Welt gehen würden, als Überbringer der Gnade Gottes.

Das Gelände war ein Problem, aber die Gebäude waren noch schlimmer. Dar, die Kinder und ich gingen durch das baufällige, viereckige Gebäude des alten Hotels.

„Ist dir bewußt, daß es hier 99 Zimmer und 100 Toiletten gibt", sagte ich zu Darlene.

„Und alle", sagte Darlene mit einem Schaudern, „sind katastrophal verschmutzt!"

Unsere Familie hatte ein besonderes Ziel für jenen Nachmittag. Wir mußten in dem Gebäude ein paar Räume finden, die uns als Heim dienen sollten. Offen gestanden, es schien nichts besonders anziehend zu sein. Jedes der vier Gebäude befand sich in einem äußerst baufälligen Zustand. Das Holz war zum großen Teil von Termiten zerfressen, und manche Räume rochen nach Urin von den Landstreichern, die das Hotel als Unterkunft benutzten, ehe wir es kauften. Ratten und Kakerlaken gingen nach Belieben ein und aus.

„Ich habe dir gesagt, daß du sehr einfach leben müßtest, wenn du mich heiratest, Dar. Aber *dies*?" sagte ich und zeigte dabei auf einen Haufen vermodernden Unrats. „Ich kann mir nicht vorstellen, wie selbst du den Kindern hier ein Zuhause machen kannst." Ich redete halb im Spaß und fuhr dabei mit der Hand durch Karens Haar, aber ich fragte mich wirklich, wie Dar zurechtkommen würde. Wir waren nun 14 Jahre verheiratet und besaßen nicht einmal ein Auto oder eigene Möbel. Seit wir nach Hawaii gekommen waren, waren Dar, die Kinder und ich 18 Mal umgezogen. Achtzehn Umzüge in drei Jahren!

„Mach dir keine Sorgen", sagte Dar, „es wird ganz anders aussehen, wenn alles sauber ist."

Dar wählte schließlich drei Zimmer im dritten Stock. Sie hatten Verbindungstüren und einen Teppich, der einmal blau gewesen war. Als wir ins Badezimmer traten, kam es mir vor, als wären die sanitären Anlagen niemals gereinigt worden.

Unsere Jugendlichen waren jedoch geradezu darauf versessen zu helfen. Während der folgenden zwei Wochen gingen Dutzende junger Leute kräftig ans Werk. Die Mädchen reinigten die Toiletten — 100 an der Zahl. Die Jungen spezialisierten sich auf das Reinigen der verschmutzten Teppiche. Wir hatten Arbeitsschichten von jungen Männern, die Tag und Nacht arbeiteten und ein Zimmer nach dem anderen in Angriff nahmen. Sie benützten eine Teppichreinigungsmaschine, die wir von einem Geschäft gemietet hatten.

Aber schließlich zogen Darlene, die Kinder und ich von unserer letzten Wohnung im Zentrum von Kailua-Kona in unsere neue Wohnung auf dem Berg um. Wir ließen unsere Koffer auf den jetzt strahlend sauberen blauen Teppich fallen und sahen durch das Fenster hinaus über die Kokospalmen hinweg zur leuchtenden Bucht hinunter. Dar packte bereits die Becher, Teller und Photos der Kinder aus. „Hier sind eure Sachen, Kinder", sagte sie und überreichte Karen und David ihre geliebten Erinnerungsstücke. „Wir wollen uns wie zu Hause fühlen."

Einige Tage nach unserem Umzug saß ich auf einem ausgeliehenen Klappstuhl auf unserer Veranda — oder Lanai, wie sie in Hawaii genannt wird — und unterhielt mich mit einem Universitätsprofessor namens Dr. Howard Malmstadt.

Eines der Prinzipien, das wir anwenden, wenn wir Gottes Führung suchen, ist die *fortdauernde Bestätigung*, ähnlich den Straßenschildern, nach denen man auf einer unbekannten Landstraße Ausschau halten würde. Während wir dort auf jenen Klappstühlen saßen, sah ich ein solches Zeichen. Howard Malmstadt war ein führender Wissenschaftler und Professor an der Universität von Illinois, als ich ihn zum ersten Mal traf.

Als wir nun auf der Lanai saßen, erzählte ich Howard, daß Gott uns eine Universität zu gründen geheißen hatte. Es würde eine ganz besondere Art von Ausbildungsstätte sein, die jungen Leuten helfen würde, Gott kennenzulernen und ihn dann in den einflußreichen Gesellschaftsbereichen bekannt zu machen.

„Ich weiß", sagte er ruhig, „Gott hat mir dies auch schon gesagt."

Howard fuhr fort und berichtete, daß er vor kurzem gebeten worden war, für die Präsidentschaft einer Universität im Mittleren Westen zu kandidieren. Als er jedoch über das Angebot betete, kam ihm ein überraschender Gedanke in den Sinn: Er sollte stattdessen nach Hawaii gehen. „Warum Hawaii?" „Weil", antwortete Gott, „ich Jugend mit einer Mission eine Universität geben werde.

Sie wird in Hawaii sein, und du wirst etwas damit zu tun haben."

So ermutigend diese klaren, richtungweisenden Hinweise waren, so wenig befriedigend waren die Fortschritte in anderen Bereichen. Eine Sache, die uns am meisten bedrückte, betraf das Leben unseres geliebten Kalafi. Seit zwei Jahren war Kalafi den schlimmsten Verlockungen verfallen.

Ich hatte das erste Warnzeichen über Kalafi vier Jahre zuvor gehört, bei der Konferenz in Osaka, 1973, als er von den Schwierigkeiten in seiner Ehe mit Tapu sprach. Dar und ich trafen sie beide bei unserer nächsten Konferenz, ein Jahr später. Wir fanden einen ruhigen Raum, schlossen die Tür hinter uns und hörten uns ihre traurige Geschichte an. Das „Eheproblem", so erfuhren wir, war ein Mädchen gewesen.

„Ich habe sie geküßt, Loren. Das war alles! Ich gestand es Tapu und den anderen Leitern unter mir. Ich dachte, es sei vorbei."

Aber Tapu war tief verletzt. Sie konnte nicht vergessen, daß er sie betrogen hatte. Es gab noch andere Dinge, Einzelheiten, die Dar und ich nicht hören wollten. Wir beteten mit beiden; sie weinten und sprachen Worte der Reue. Zuerst dachten wir, die Sache sei vorbei und abgeschlossen, aber irgend etwas stimmte nicht. Ich konnte es selbst nicht erklären, aber ich wußte, es gab immer noch einen Schwachpunkt. Ich versuchte, Kalafi und Tapu zu überreden, bei uns in Hawaii zu bleiben und am nächsten Schulungskurs teilzunehmen, aber Kalafi weigerte sich. „Nein", sagte er, „es ist uns in Kalifornien kostenlos ein Haus angeboten worden. Ich glaube, wir sollten uns eine Zeitlang vom missionarischen Dienst zurückziehen. Wir wollen unsere Ehe wieder in Ordnung bringen ..." Irgendwie klang es nicht ganz richtig, aber ich drang nicht weiter auf ihn ein.

Innerhalb weniger Wochen nach ihrer Ankunft in Kalifornien bestätigten sich unsere schlimmsten Befürchtungen. Wir erhielten Nachricht von den Eltern eines Mädchens, mit dem Kalafi sich getroffen hatte. Sie befürchteten, daß Kalafi und ihre Tochter eine Affäre hatten. Tapu, so erfuhr ich, traf sich ebenfalls mit jemand anderem. Ich flog nach Los Angeles, um mit Kalafi zu reden. Obgleich ich ihm jede Gelegenheit bot, ehrlich mit mir zu reden, lehnte er dies ab. Sein scherzhafter Frohsinn ließ mich beinahe glauben, daß ich unbegründete Gerüchte gehört hatte.

Als ich jedoch nach Big Island zurückkehrte, erhielt ich einen weiteren Anruf von den Eltern des Mädchens. Ich wußte nun, daß ich meinem Freund entgegentreten mußte. Ich erreichte ihn zu Hause. „Kalafi", sagte ich, und das Echo meiner Stimme war in der Überseeleitung zu hören, „du mußt die Ernsthaftigkeit dessen, was du tust, erkennen! Komm jetzt zurück! Es ist noch nicht zu spät."

Seine Anwort war ein schreckliches Schweigen.

In der darauffolgenden Woche erhielt ich einen Brief. Ich riß ihn auf und las: „Ich habe Respekt vor Gott, Loren, aber ich kann nicht scheinheilig sein. Ich muß mein eigenes Leben leben. Bitte versuche, eine Weile keinen Kontakt mit mir aufzunehmen."

Mir standen Tränen in den Augen. Aber ich wollte nicht aufgeben. Ich erinnerte mich an eine andere Gelegenheit, als Beharrlichkeit eine abgebrochene Beziehung wiederhergestellt hatte — als ich meine Tante Arnette in Miami immer wieder angerufen hatte, bis sie sich zuletzt bereit erklärte, sich mit mir zu treffen.

Einige Monate, nachdem ich Kalafis Brief erhalten hatte, sah ich Joy Dawson wieder, und wir begannen erneut, für Kalafi zu beten. „Gott, gib ihm noch eine Chance!" baten wir, und schämten uns nicht der Tränen, die uns die Wangen herunterliefen. Wir erfuhren später, daß Kalafi genau zu diesem Zeitpunkt mit mehreren anderen jungen Männern in einer Bar war. Er war rasch in alle möglichen Dinge geraten, und er war jeden Abend der erste, der zu trinken anfing, und der letzte, der sich in den Schlägereien, die oft ausbrachen, noch aufrecht hielt. Er trug nun auch eine Pistole. An diesem Abend war er in seiner Stammkneipe und tat sein Bestes, sich völlig zu betrinken, als sich ein unscheinbares Mädchen zu ihm an den Tisch setzte. Das Mädchen versuchte, die dröhnende Musik zu übertönen und begann Kalafi zu erzählen, wie sie einmal bei einer Billy Graham Kundgebung nach vorne gegangen war, um mit sich beten zu lassen. Kalafi blickte sie überrascht an: keiner seiner neuen Freunde kannte seine Vergangenheit. Das Mädchen sagte zu Kalafi, sie wünschte, sie wäre bei ihrem Entschluß, Jesus zu folgen, geblieben.

„Kalafi, ich habe eine solche Angst", schloß sie. „Ich weiß, ich werde sterben und in die Hölle kommen."

Bei diesen Worten begann Kalafi laut zu schreien und rief in den Lärm der Bar die erstaunlichen Worte: *„Gott, laß mich in Ruhe!"*

Darlene und ich waren wieder in Los Angeles. Wir beschlossen, zu Kalafis Wohnung zu gehen, obgleich nur geringe Aussicht bestand, daß wir ihn zu Hause antreffen würden. Unsere Zeitplanung war erstaunlich. Wir kamen bei Kalafis Wohnung an, als er gerade im Begriff war, seine Sachen zu packen; er wollte für immer ausziehen. Ich sah eine Härte in seinem Gesicht, die ich nie zuvor gesehen hatte. „Und Tapu?" fragten wir. Kalafi fuhr mit dem Packen fort. Alles, was er wußte, war, daß Tapu in einem Nachtklub in Inglewood sang. Er wußte nicht, wo sie wohnte, aber er glaubte, sie könnte in einem Apartment auf einem der Boulevards wohnen, die in nord-südlicher Richtung verliefen.

Dar und ich fuhren nach Inglewood und hatten das Gefühl, daß wir uns töricht verhielten. Wie könnten wir jemals in diesem Labyrinth von Apartments jemanden finden? „Gott, Du weißt, wo Tapu ist", betete ich. „Würdest Du uns bitte zu ihr führen?"

Wie kann ich beschreiben, was dann geschah? Es dauerte eine Weile, bis ich es selbst glauben konnte. Wir fuhren in östlicher Richtung auf dem Imperial Boulevard und beteten, daß Gott uns zeigen möge, an welcher Straße wir abbiegen sollten. Ich überquerte Inglewood Avenue und kam zum Hawthorne Boulevard. Ich hatte das Gefühl, ich sollte zur Inglewood Avenue zurückkehren. „Ja", sagte Dar, „das ist richtig." Ich kehrte auf die Inglewood Avenue zurück und fuhr langsam an vier Häuserblocks vorbei. Dann hörte ich die Stimme des Heiligen Geistes zu mir reden. *Halte hier an.*

„Versuchen wir es hier", sagte ich. Dar war sofort einverstanden. Das Gebäude war ein verblaßtes zweistöckiges Haus mit grüner Stuckarbeit — es glich fast völlig einem Dutzend anderer Häuser auf beiden Seiten des Boulevards.

Wir stiegen aus und kletterten über zerbrochene Spielsachen und Fahrräder auf dem Gehsteig. Wir fanden ein kleines Mädchen, das uns die Auskunft gab, eine Frau, die unserer Beschreibung entspräche, wohne in einem Apartment im zweiten Stock. Wir gingen die Treppe hinauf und klopften an.

Tapu öffnete die Tür und hielt ihren Bademantel zusammen. Sie blickte uns erstaunt an und wich zurück in ihr Wohnzimmer. „Wie habt ihr mich gefunden? Kommt herein, aber ich kann nicht mit euch reden. Ich muß gleich weg!"

Wir flehten Tapu an, aber es war nutzlos. Nach einem fünfminütigen Besuch, während dem wir unbeholfen in ihrem Wohnzimmer standen, gingen wir wieder.

In der darauffolgenden Woche hatte Joy Dawson das Gefühl, sie sollte Kalafi noch einen Brief schreiben. Wir erfuhren später, daß er ankam, als Kalafi eine Drogenparty für den nächsten Tag plante. Kalafi holte Joys Brief am Postamt ab, nahm ihn mit zu seinem Auto und riß ihn auf. Plötzlich redete Gott zu ihm. Kalafi vernahm diesmal Gott mit hörbarer Stimme, und er begann am ganzen Körper zu schwitzen. „Kalafi", sagte der Herr liebevoll, „es ist schwer, ein christliches Leben zu führen. Aber es gibt nur etwas, das noch schwerer ist — kein Christ zu sein. Der Preis, den du zahlst, um mir nachzufolgen, ist viel geringer, als der Preis, den du bezahlen wirst, wenn du mir nicht nachfolgst."

Kalafi suchte die nächste Telefonzelle und rief mich auf Big Island an. Er nahm mit den Dawsons Kontakt auf. Er betete stundenlang mit ihnen und beendete die fünfmonatige Trennung von Gott. Dann kam er nach Hawaii. Ich fühlte, daß er Zeit brauchte, um zu heilen. Auf meine Anregung hin schrieb er sich an der Universität von Hawaii auf der anderen Seite der Insel ein. In seiner Freizeit gründete er ein Geschäft für Landschaftsgärtnerei, das bald blühte. Kalafi tat niemals etwas halb.

Er sagte mir bei einem Besuch auf unserer Seite der Insel, daß er nicht erwarte, jemals wieder im missionarischen Dienst zu stehen. „Es ist genug, wenn Jesus mir vergibt", sagte er. „Ich muß versuchen, eine Weile nur Christ zu *sein,* nicht nur alles mögliche für Gott zu *tun.*"

Kalafis Fortschritte während der nächsten anderthalb Jahre zu beobachten, bedeutete, ihn zuweilen auch wieder rückwärts gehen zu sehen. Kalafi und Tapu versuchten, ihre Ehe wieder in Ordnung zu bringen ... ihre Bemühungen waren erfolglos. Sie trennten sich endgültig und ließen sich scheiden. Kalafi begann langsam wieder zu trinken. Als ich ihn daraufhin ansprach, bat er mich, ihn in Ruhe zu lassen. Kurze Zeit später erfuhren wir, daß er wieder geheiratet hatte. Leda, seine neue Frau, war keine Christin.

Es war die ganze Zeit über wie ein Seiltanz; wir mußten vorsichtig erwägen, wann wir ihm entgegentreten und wann wir ihm freien Lauf lassen mußten. Kalafi hatte sich YWAM angeschlossen, bevor wir mit unseren Schulungskursen begonnen hatten, und deshalb hatte er nicht diese Einübung erfahren, ehe er geistliche Verantwortung übernahm. In gewisser Weise nahm er nun an einem persönlichen Schnellkurs teil.

„Das einzige Problem ist nur", sagte ich zu Dar eines Abends, als wir in unserem Wohnzimmer auf dem Boden lagen und für Kalafi beteten, „ich frage mich manchmal, ob er den Kurs bestehen wird."

An einem ganz besonderen Tag, neun Monate, nachdem wir gehört hatten, daß Kalafi wieder geheiratet hatte, erhielten wir einen Telefonanruf.

„Könnten Leda und ich auf einen Besuch bei euch vorbeikommen?" fragte Kalafi.

Könnten sie vorbeikommen? Mußte er fragen? Nichts würde unser Herz mehr erfreuen. „Ja, ja", sagte ich. „Freitag abend?"

Und so kamen Kalafi und Leda, die schwanger war, zum Abendessen. Joy Dawson hatte an unserer Schule auf Big Island unterrichtet, und dies war ihr letzter Abend bei uns. Nach dem Essen nahm Joy Kalafi beiseite, während Dar mit Leda redete. Wie eine Blume, die dem Sonnenlicht ausgesetzt ist, öffnete sich Leda sogleich und übergab Jesus Christus ihr Leben. Wir waren so froh darüber.

Ich schaute zur anderen Seite des Zimmers hinüber, wo Joy sich ernsthaft mit Kalafi unterhielt. Ich konnte an seinen gebeugten Schultern und gefurchten Augenbrauen erkennen, daß er eine völlige Hingabe an Gott erwog. Als er sich an jenem Abend verabschiedete, wußte ich, daß Kalafis Schicksal immer noch in der Schwebe hing. Er wußte zuviel von Gott und hatte ihn so lebendig erfahren, daß er nicht fähig war, jemals wieder ein mittelmäßiges Leben zu führen.

Einige Wochen später rief Kalafi wieder an. Dieses Mal fragte er, ob er mich privat sprechen könne.

Ich sah zu meiner Erleichterung, als Kalafi mir mit gesenktem Kopf und gefalteten Händen gegenübersaß, daß er bereit war, eine klare Entscheidung zu treffen, Gott zu gehorchen. Er schüttete sein Herz aus mit all den Schmerzen und Schuldgefühlen, die er seit Jahren aufgespeichert hatte. Es war eine traurige, altbekannte Geschichte von Leidenschaften und Stolz, über die er niemals völlig offen gewesen war. Wir weinten beide. Als ich neben Kalafi stand, um mit ihm zu beten, wußte ich, daß hier ein junger Mann war, den Gott trotz aller Kämpfe gebrauchen wollte.

Kalafi kam zu dem Entschluß, er müsse Briefe an all die Gemeinden und YWAM Stützpunkte schreiben, wo er über die Jahre gewirkt hatte, und ihnen offen seine Sünden bekennen und um Vergebung bitten. Er schrieb auch an Tapu und bat sie um Vergebung und an seine eigene Familie in Tonga.

Dann begaben sich eine Reihe verblüffender Ereignisse.

Kalafis Gärtnereigeschäft lief plötzlich nicht mehr so gut.

Kalafi hatte zwei größere Aufträge übernommen, aber auf einmal trat unerwartet eine Verzögerung nach der anderen ein. Ein Bulldozer hatte eine Panne; er mietete einen anderen und innerhalb von ein oder zwei Stunden funktionierte dieser gleichfalls nicht mehr. Nach fünf Mißgeschicken dieser Art begann Kalafi, sich Gedanken zu machen. Dann rief ihn ein Freund an und lud Kalafi ein, in einer nahegelegenen Gemeinde bei einem Treffen einer Bibelgruppe am Samstagabend zu sprechen. Zuerst wollte er nicht, aber Leda ermutigte ihn, die Einladung anzunehmen.

„Sie wollen nicht, daß du predigst, Kalafi. Sie wollen nur, daß du erzählst, was geschehen ist."

So folgte Kalafi der Einladung. An jenem Samstagabend stand er im Versammlungsraum dieser Gemeinde und erzählte, wie er versucht hatte, sich vom Herrn abzuwenden, wie er Ehebruch begangen hatte, wie seine Ehe auseinandergefallen war und wie Gott ihn nun zurückbrachte.

Während Kalafi redete, begann er zu weinen. Zu seinem Erstaunen fiel ein Mann in der ersten Reihe neben seinem Stuhl auf die Knie. Dann tat ein anderer das gleiche. Überall im Versammlungsraum begannen die Leute zu weinen. Mehrere übergaben an jenem Abend Jesus Christus ihr Leben, andere erlebten, wie ihre zerrüttete Ehe erneuert wurde.

Nach jenem gesegneten Abend wußte Kalafi, daß Gott ihm seinen geistlichen Dienst zurückgab. Er und Leda begannen nun, uns regelmäßig am Freitagabend zu besuchen. Sie hatten immer viele Neuigkeiten zu erzählen. Kalafi sah die Sache mit den streikenden Bulldozern schließlich als einen Hinweis Gottes an und gab sein Geschäft auf; er und Leda lebten nun von dem, was Gott ihnen gab. Sie begannen, jeden Freitagabend eine christliche Versammlung zu leiten, führten Menschen zu Christus und erlebten, wie dabei Menschen mit körperlichen und geistigen Gebrechen wiederhergestellt wurden.

Ich machte mir über Kalafis Dienst nach seiner Scheidung und Wiederverheiratung Gedanken. Ich sah deutlich, daß Ehescheidung nicht Gottes vollkommenem Plan für ein Menschenleben entspricht, daß sie aber auch nicht eine unvergebbare Sünde ist. Wenn die Voraussetzung für den missionarischen Dienst wäre, vollkommen in Gottes Willen zu leben, wieviele von uns würden dann dafür tauglich sein? Auch wenn wir versagen, nimmt Gott dennoch nicht seine Gaben und Berufungen von uns.

Es war begeisternd zu beobachten, wie Kalafi in seinem Dienst wieder fruchtbar wurde, und zur gleichen Zeit sahen wir, wie unser zukünftiges Universitätsgelände langsam aus dem tropischen Dschungel hervortrat.

Um ehrlich zu sein, ich hatte während all dieser Ereignisse fast den letzten Bestandteil jenes nächtlichen Gebetstreffens vergessen, das wir vor fast vier Jahren in Kaneohe gehabt hatten. Jene Weissagungen enthielten auch ein Schiff, das vor Kona ankerte.

Dies war jedoch ein Gedächtnisschwund, der nicht lange andauerte.

KAPITEL 17

Gib das Schiff nicht auf

Eines Tages, etwa zwei Monate nachdem Dar und ich in unsere neue Wohnung im Hotel Kona umgezogen waren, war ich auf einer Reise und besuchte unterwegs Don Stephens.

„Loren", sagte Don, „ich frage mich, ob Gott nicht vielleicht die Schau vom Schiff neu beleben will."

Ich reagierte sogleich. „Oh, nein!" flüsterte ich leise, „nicht noch einmal ein Schiff!" Das würde bedeuten, zwei größere Projekte gleichzeitig zu beaufsichtigen — die Universität und das Schiff.

Don hatte mein Flüstern nicht gehört. Er fuhr fort und beschrieb ein Schiff, das er in Venedig ausfindig gemacht hatte. „Es heißt *Victoria*", sagte Don, und seine Augen leuchteten. „Ich habe es mehreren europäischen YWAM-Leitern gezeigt, obwohl ich mich manchmal nach dem Grund dafür frage. Es ist ein riesiges altes Ding und hat kein Licht ... der Stromerzeuger funktioniert nicht einmal. Es ist nur ein elftausend Tonnen großer Passagierdampfer, der tot im Wasser treibt."

„Aber, Loren", fuhr Don aufgeregt fort, „das Schiff könnte gerade deshalb, weil es in einem so schlechten Zustand ist, spottbillig erworben werden. Es würden allerhand Reparaturarbeiten erforderlich sein, aber das würden wir schon schaffen, oder was denkst du?"

Ich sagte überhaupt nichts.

„Nun", sagte Don abschließend, und er war aufgrund meines mangelnden Interesses niedergeschlagen, „es *gab* jedoch etwas Besonderes an der *Victoria*..."

Um endlich etwas zu sagen, fragte ich: „Was für eine Farbe hat das Schiff, Don?"

„Weiß", antwortete er.

Zum ersten Mal seit Beginn dieser Unterhaltung bewegte sich mein Herz vor Freude. Das Schiff, das wir während unserem nächtlichen Gebetstreffen in Kaneohe in der Bucht „gesehen" hatten ... jenes Schiff war auch weiß gewesen.

Etwa zwei Monate später kam ein Mann nach Big Island und stellte überall Nachforschungen an, bis er herausfand, wo wir wohnten. Nun saß er in meinem Büro im Hotel und blickte auf den neu angelegten tropischen Garten hinaus.

„Mein Name ist Paul Ainsworth. Ich komme aus Toronto."

Er begann sich in seinem Klappstuhl unruhig hin und her zu wenden. Ich lächelte, um ihm die Schüchternheit zu nehmen. „Ehrlich gesagt, mein Herr", fuhr Mr. Ainsworth fort, „ich weiß eigentlich gar nicht, warum ich hier bin, aber ich habe ein sehr seltsames Erlebnis gehabt, und es betrifft möglicherweise Sie. Sehen Sie, mein Herr, ich habe ... nun ... ich habe eine Vision gehabt."

Es begann interessant zu werden. Mr. Ainsworth setzte seine Rede stockend fort. Er erzählte mir, wie er einige Tage zuvor bei einem Gebetstreffen in Toronto gewesen war. Plötzlich hatte er vor sich eine Landkarte des Süd-Pazifiks gesehen. Ein großes weißes Schiff tauchte in seiner Vision auf. Das Schiff schien von den hawaiianischen Inseln aus in südliche Richtung zu fahren.

Ich war plötzlich *sehr* interessiert.

„Ich konnte die Namen der Inseln auf der Landkarte lesen", sagte Mr. Ainsworth. „Jemand im Gebetsraum holte einen Atlas hervor und begann die Wegstrecke zu verfolgen, die ich beschrieb. Es stimmte alles überein."

Ich saß nun auf der äußersten Kante meines Klappstuhls. Mr. Ainsworths nächste Worte ließen mich erstarren. „Als das Schiff über den Pazifik fuhr", sagte er, „brach eine Erweckung aus. Tausende von Inselbewohnern in der Südsee fanden zum Glauben an Jesus Christus, und dann wurden sie selbst zu Evangelisten. Sie gingen nach Südostasien, bis nach Indien und schließlich nach China. Millionen von Menschen fanden zu Gott."

Die Vision hatte zwei Stunden gedauert, sagte Paul Ainsworth, und manche der Einzelheiten, die er mir erzählte, schienen nicht auf uns zuzutreffen.

„Was soll ich jetzt tun, Herr?" hatte er Gott gefragt. Der Herr sprach: „Geh nach Hawaii." Mr. Ainsworth kannte niemanden in Hawaii, aber er war gehorsam und begann, Reisevorbereitungen zu treffen. Bevor er abflog, überreichte ihm ein Freund ein Stück Papier und sagte: „Dieser Mann kann dir vielleicht helfen. Er lebt in Hawaii." Paul Ainsworth öffnete den Zettel im Flugzeug. Es stand nur der Name *Loren Cunningham* darauf.

Ich konnte kaum glauben, was ich hörte. Mr. Ainsworth blickte mich nun an und wartete zweifellos auf irgendein Zeichen, daß dies alles einen Sinn ergab. Ich war den Tränen nahe, aber ich ging und holte die Plakette, die meine Mutter mir geschenkt hatte. Ich zeigte sie ihm und hatte dann das ungewöhnliche Vergnügen, diesem gehorsamen Mann unsere ganze Geschichte zu erzählen. Wir begannen beide zu lachen, so wie ich Polynesier hatte lachen sehen, aus reiner Nervosität. Auf der Tafel von meiner Mutter stand natürlich: „Gib das Schiff nicht auf."

Es geschah alles zu schnell und zu aufsehenerregend, und die erstaunliche Folge von Ereignissen war noch nicht zu Ende. Nach dem Besuch von Mr. Ainsworth erhielt Darlene einen Brief von einem alten Freund, der viel Zeit im Gebet für YWAM verbrachte, und er schrieb: „Der Herr hat mir gesagt, daß Du und Loren Zwillinge zur Welt bringen werdet. Nicht buchstäblich, dessen bin ich sicher. Ich glaube, die Zwillinge sind *geistliche Dienste*. Der eine ist ein Schiff. Ich weiß nicht genau, was der andere ist..."

Überall hörten wir von Zwillingen. Manche Hinweise konnten kaum als göttliche Führung bezeichnet werden, aber es machte dennoch Spaß, über sie nachzudenken. Ich rief den erfreulichen Tag in mein Gedächtnis zurück, als einige Monate zuvor Jimmy und Jannie nach 11 Jahren Ehe endlich eine Familie gründeten. Wir waren am Tag der Geburt alle überrascht, als Jannie eineiige Zwillingsjungen zur Welt brachte, die am 7.7.77 in einem Abstand von 7 Minuten geboren wurden. Es schien tatsächlich, daß Gott uns etwas über Zwillinge zu sagen hatte.

Nach einer solch erstaunlichen Reihe von Ermutigungen, die den Geschichten in der Bibel ähnlich waren, mußten wir ganz einfach die Verhandlungen zum Erwerb der *Victoria* beginnen. Ich nehme an, Gott mußte so überwältigend deutlich zu mir reden, weil er wußte, daß ich andernfalls möglicherweise aufgegeben hätte. Wie würde er jemals genug Geld freisetzen können, um eine solche Aufgabe durchzuführen?

Drei Monate nachdem Don zum ersten Mal mit mir darüber geredet hatte, beschlossen wir, die Verhandlungen mit den Eigentümern der *Victoria* zu beginnen. Ich mußte einfach lachen über den Gegensatz zwischen den Verhandlungen über Anzahlungen, Abzahlungen und Verträgen und der Beobachtung andererseits, wie Dar unser Geschirr im Waschbecken in unserem Bad im Hotelzimmer spülte.

Don schickte mir ein Photo und einen Grundriß des Schiffes. Aber ich muß gestehen, daß ich nach der Erfahrung mit der *Maori* den Grundriß schnell in eine Schublade legte.

Dann, einen Monat später, im April 1978, flog ich nach Venedig, um mich mit Don Stephens zu treffen.

Mein Besuch hatte einen doppelten Zweck. Vierhundert YWAMer waren hier, um mit den Menschen auf den Straßen Venedigs über Jesus Christus zu sprechen; sie wohnten auf einem Campingplatz am Rande der Stadt. Ich interessierte mich jedoch besonders für Venedig, weil die *Victoria* hier vor Anker lag.

Als Don mich am Flughafen abholte, teilte er mir den neuesten Stand der Verhandlungen mit. Die Eigentümer erwogen unser Angebot, das wir einen Monat zuvor gemacht hatten, und hatten sogar die staatliche Bewilligung für den Verkauf beantragt, falls sie sich zum Verkauf entschließen würden.

„Diese Leute haben uns zuerst nicht ernst genommen", sagte Don, als wir uns einen Weg durch den Verkehr bahnten. „Und ich kann es ihnen nicht übelnehmen. Wir haben so wenig Ahnung von der Schiffahrt, daß wir sie fragen mußten, welche Fragen wir stellen sollten. Wir waren verlegen, als wir ihnen unsere Adresse auf dem Campingplatz gaben!"

Wir fuhren über den Damm, der Venedig mit dem Festland verbindet und bogen dann von der Straße ab. Don zeigte auf die Kräne im Hafen.

„Dort ist es."

Ich muß gestehen, daß mein Herz wider meinen Willen laut pochte. Dort lag das Schiff, mit seinem orangefarbenen und schwarzen Schornstein. „Und das Symbol am Schornstein", sagte Don, „ist der Löwe des Heiligen Markus, des Evangelisten, welcher der Schutzheilige von Venedig ist. Ist das nicht interessant?"

Ich weiß nicht, ob Don mein Widerstreben verstand, aber ich wollte zu diesem Zeitpunkt einfach nicht an Bord des Schiffes gehen. Ich fürchtete, ich würde *zu* begeistert werden. Nach der Erfahrung mit der *Maori* wollte ich auf keinen Fall noch einmal ein Stück Metall verehren.

Ich war jedoch auf jeden Fall bereit, den Herrn durch Don und die anderen Männer wirken zu lassen. Mir persönlich ging es darum, ein Gleichgewicht zu finden zwischen der geistlichen Vorsicht, die ich von der *Maori* gelernt hatte und der Kühnheit, die ich durch Paul Ainsworths Vision gewonnen hatte.

Und so ermutigte ich Don, die Sache voranzutreiben. Als er mir die überwältigende Aufgabe erklärte, die vor ihm lag, konnte ich nur sagen: „Don, wir wollen die Arbeit in kleinere Einheiten aufteilen, so daß wir sie bewältigen können. Gott erwartet nicht von uns, daß wir mehr als jeweils einen Schritt vorangehen."

Ich flog mit einem gemischten Gefühl von Begeisterung und Besorgnis nach Hause. Darlene und ich kamen immer wieder auf die gleiche Frage zurück: „Bist Du es wirklich, Herr?" Wir hatten schon früher erfahren, daß es bei großen Wendepunkten hilft, wenn wir uns fragen: „Wieviel Übernatürliches ist in der Führung zu finden, die wir erhalten?" Wir hatten nicht um Zeichen gebeten und auch nicht etwas Aufsehenerregendes gesucht, aber es waren ständig Zeichen und auffällige Dinge geschehen, und es schien eine geistliche Torheit, dies nicht zu beachten. Gott sagte wahrscheinlich: „Dies ist der Weg, folgt ihm."

Und so begann Don mit den Verhandlungen. Einen Monat später rief er mich aufgeregt aus Venedig an. Die Schiffseigentümer hatten unser Angebot angenommen; die staatlichen Behörden waren ebenfalls einverstanden.

„Du hättest uns sehen sollen, Loren!" sagte Don. „Alle wollten mitgehen zum Unterschreiben. Fünf von uns drängten sich in einen winzigen Renault 4 und fuhren von einem Campingplatz herunter, um den Vertrag für ein Schiff zu unterzeichnen!"

Und so bekamen wir unseren Vertrag. Wir brachten das Geld für die Anzahlung durch Spenden auf, die wir aus den Reihen von YWAM bekamen. Aber es wurde hier neben Geld noch etwas anderes freigesetzt, etwas, das unserer ursprünglichen Idee von Jugend mit einer Mission sehr nahe lag.

Eine der zuverlässigsten Prüfungen für eine solide Führung ist dies: bringt sie die Menschen, die sie betrifft, der Freiheit und Reife in Gott einen Schritt näher? Ist dies nicht der Fall, so ist die Führung zweifelhaft. Ist dies jedoch der Fall, so ist die Führung wahrscheinlich von Gott. In diesem besonderen Fall war Don Stephens die Hauptperson, die freigesetzt wurde. Er hatte sich in München bewährt, und nun wurde ihm eine viel schwerere Aufgabe auferlegt.

Inzwischen wurden auch unsere Vorstellungen von der Universität klarer. Dr. Howard Malmstadt, der Professor, der uns damals besucht hatte, war tatsächlich geblieben, so wie es Gott angezeigt hatte. Wir beide verbrachten nun viele Stunden ausgestreckt auf dem blauen Teppich in unserer Wohnung und beteten, planten und suchten nach neuen Ideen. Howard machte mich mit einem Architekten bekannt, der uns über die Pläne für unsere Universität hinsichtlich eines auf persönliche Beziehungen orientierten Lebensstils mit Fragen überhäufte. Wir erklärten ihm, daß die Studenten, das Personal, die Gastlehrer und deren Familien alle in Dörfern mit jeweils 280 Leuten zusammenleben sollten. Wir hatten das so geplant, weil die meisten Studenten asiatische und pazifische Inselbewohner sein würden, die zu Hause in Dörfern lebten. Wir erzählten dem Architekten über die Akademien, die sich um die „Gesellschaftsbereiche" herumgruppieren sollten, die das Denken der Menschen und deren Kultur formen. Das Universitätsgelände sollte so gestaltet sein, daß es eine Atmosphäre des wirklichen Lebens fördert. Unser Architekt war von dieser Aufgabe begeistert. Er flog zurück zum Festland und begann einen Plan für die Universität zu entwerfen, den er uns als eine Freundesgabe spendete.

Ich machte mir viele Gedanken über das Ausmaß der

beiden Verpflichtungen, die wir eingingen. Ich machte mir natürlich Gedanken über das notwendige Geld, aber das war nicht meine eigentliche Sorge ...

Unsere Bemühungen, uns vom Herrn führen zu lassen, hatten eine Gefahr in der Führung deutlich werden lassen. Göttliche Führung ist so berauschend, so aufsehenerregend, daß die Gefahr besteht, dem Werk statt dem Herrn die Ehre zu geben. Wir hatten diesen Fehler mit der *Maori* gemacht, und wir wollten dies nicht noch einmal geschehen lassen.

Es zeigte sich nun jedoch eine zweite Gefahr. Wenn Gott uns führt, so nimmt auch er ein Risiko auf sich. Wenn wir die falsche Wahl treffen, können wir ihn am Ende nicht nur verunehren, sondern auch seiner rechtmäßigen Position berauben, nämlich an erster Stelle in allen unseren Aktivitäten zu stehen.

Ohne es zu bemerken war ich im Begriff, mich in diese zweite Gefahr zu begeben. Seit unserer Evangelisation in München hatten wir uns bemüht, bei größeren Internationalen Sportveranstaltungen dabei zu sein. Diese Veranstaltungen waren Welten im Kleinformat und gaben uns oft sogar die Möglichkeit, mit Menschen aus „geschlossenen" Ländern zu sprechen. Ein solches Ereignis war die Fußballweltmeisterschaft, die im Juni 1978 vier Wochen lang in Argentinien stattfinden sollte. Nur acht Wochen waren es noch bis dahin. Ich traf Vorbereitungen, hinzufahren, denn ich fühlte, daß es Gottes Wille für mich war.

Dann, kurz vor meiner Abreise, rief mich ein Freund vom Festland an.

„Loren, ich habe eine äußerst gute Nachricht. Ich kenne einen Grundstücksmakler, der eine große Summe Geld für eine christliche Universität spenden will", sagte er aufgeregt. „Er möchte sich gern mit dir treffen. Er ist in Denver."

Dies könnte bedeuten, daß wir mit der Universität

früher beginnen könnten, als wir gedacht hatten! Ich würde vielleicht einen oder zwei Tage später bei der Fußballweltmeisterschaft eintreffen, aber andererseits ...

„Ich werde ihn auf meiner Reise nach Argentinien besuchen", sagte ich und versuchte, eine ruhige Stimme zu bewahren.

Und so kam es, daß ich an dem Tag, an dem ich nach Buenos Aires fliegen sollte, stattdessen nach Denver flog. Nach mehreren Verzögerungen traf ich schließlich in Argentinien ein. Zwei Drittel der Weltmeisterschaft war schon vorbei. Ich traf mich mit den Einsatzgruppen und versuchte, die verlorene Zeit durch besondere Begeisterung wiedergutzumachen. Aber die respektvolle, höfliche Stimmung der jungen Leute glich der eines Jugendlichen, der in einem Fußballendspiel mitspielt und dessen Vater erst im letzten Viertel erscheint, weil er auf einer wichtigen Besprechung war. Auch die Stimmung unserer festen Mitarbeiter war besorgniserregend. Als ich erklärte, wo ich gewesen war, war niemand beeindruckt. *Hier* war die Veranstaltung, zu der Gott uns alle geführt hatte, und obwohl es niemand direkt zum Ausdruck brachte, wußte ich, daß ich mein Handeln überdenken mußte.

Sehr spät an jenem Abend begann ich in meinem Zimmer in der Schule in Buenos Aires, wo 700 von uns untergebracht waren, über die Faktoren der Führung Gottes nachzudenken, die in dieser Erfahrung eine Rolle spielten.

Es bestand kein Zweifel für mich, daß die Universität ein Traum war, der Gott sehr am Herzen lag. Es war eine neue Möglichkeit, Wellen junger Menschen in die neuen Missionsfelder auszusenden, in die Zentren, die das Denken unserer Gesellschaft formen. Aber die *Maori* war auch ein Werkzeug gewesen, das Gott am Herzen lag. Ich glaubte immer noch daran. Er ließ das Schiff jedoch fallen, weil es selbst zum Gegenstand der Verehrung geworden war.

Hinsichtlich der Universität war Gottes Anrecht auf unsere völlige Aufmerksamkeit sogar noch ernsthafter gefährdet. Es war sein Wille für mich gewesen, in Argentinien zu sein; ich hatte seine Weisung deutlich gehört. Aber ich jagte stattdessen dem Geld nach.

Nun wünschte ich zum ersten Mal, ich hätte eine Plakette mit der Aufschrift: *Die Führung Gottes ist in erster Linie eine Beziehung mit dem Gott, der führt.*

Das erste Ziel der Führung Gottes ist es, uns in eine engere Beziehung mit Jesus Christus zu führen. Alle anderen Ziele sollten diesem einen untergeordnet sein.

Wir müssen uns besonders in acht nehmen, wenn er uns dazu *Werkzeuge* gibt, wie ein Schiff oder eine Universität. Werkzeuge an sich sind nichts Schlechtes. Es ist jedoch eine traurige Sache, wenn die Werkzeuge den Herrn selbst verdrängen.

KAPITEL 18

„Kümmert das denn niemand?“

Don Stephens rief Dar und mich sieben Monate, nachdem wir die Verhandlungen für die *Victoria* begonnen hatten, eines Abends spät an. Dar hatte es während des Jahres, in dem wir in unserer Wohnung im Hotel Kona wohnten, fertiggebracht, die drei Räume in ein Heim umzugestalten, indem sie allmählich hier und da einen Stuhl oder eine Lampe hinzufügte.

„Nun, Loren, wir haben es geschafft“, ließ sich Dons Stimme über die Überseeleitung vernehmen. Er schien aufgeregt und doch gleichzeitig auf seltsame Weise zurückhaltend zu sein.

„Wir haben ein Schiff?“ fragte ich. Dar, die im Zimmer saß, horchte auf. Es war nun seit Monaten Geld eingetroffen und zwar mit einer Regelmäßigkeit, die ermutigend war. Dies war, so glaubten wir, ein wichtiger Teil unserer Führung.

„Wir haben ein Schiff. Es ist nicht seetüchtig, aber es gehört uns. Die Eigentümer warteten, bis der letzte Dollar eintraf, ehe sie das Schiff freigaben.“

Don berichtete, daß sie planten, im Speisesaal des Schiffes bei Kerzenlicht ein Dankfest abzuhalten und danach auf das Hinterdeck zu gehen, um die Schiffsflagge herunterzunehmen und sie durch unsere eigene zu ersetzen.

„Unsere Probleme haben natürlich eben erst angefangen, Loren“, sagte Don. Kein Wunder, daß er gleichzeitig aufgeregt und niedergeschlagen war. „Früher oder später werden wir Venedig verlassen müssen, denn unsere Besatzung gehört nicht der Gewerkschaft an. Wir müssen uns irgendwohin zu einem Trockendock abschleppen lassen. Wahrscheinlich nach Griechenland."

„Don", sagte ich und fühlte, daß ich das Gespräch auf etwas anderes lenken mußte, „was hältst du nun von dem neuen Namen?"

„*Anastasis*?" Der Name gefiel uns. „Ja, es scheint der richtige Name zu sein."

„Dann wollen wir es *Anastasis* nennen", sagte ich und blickte zu Dar hinüber, die unsere telefonische Unterhaltung mitangehört hatte, und ich war froh, daß sie zustimmend lächelte.

Anastasis ist das griechische Wort für Auferstehung.

Eines der Probleme, wenn wir uns von Gott leiten lassen, ist, die rechte Perspektive zu bewahren. Wenn sich die göttliche Führung entfaltet, scheint sie immer auch mit harter, grober Arbeit verbunden zu sein. Die Begeisterung des ursprünglichen Führungserlebnisses ist vorbei. Vor uns liegt zwar immer noch die unbeschreibliche Freude, die Früchte dieser ersten Führung zu ernten. Dazwischen liegt aber nun die schwere Arbeit, die unseren Geist betäubt und unsere Muskeln anspannt. Gerade in dieser Zwischenzeit gewinnt das Prinzip der Perspektive so sehr an Bedeutung.

Es war im Juni 1979, ein Jahr nachdem ich „unser" Schiff das erste Mal gesehen hatte, und während mein Alitalia-Flug die Kanäle von Venedig umkreiste, schaute ich angestrengt zur Luke hinaus, um vielleicht einen Blick auf das Schiff werfen zu können. Etwa 60 von uns trafen sich nun in Venedig. Es war wichtig für Don, mit möglichst vielen Leitern von YWAM aus der ganzen Welt zusammenzutreffen, so daß wir ihm erneut unsere Unterstützung zusichern konnten. Und es war notwendig, unsere Schau für das Schiff, das im Namen Jesu hinausfahren sollte, neu zu beleben.

Ich blickte suchend über das glitzernde Wasser. Dort lag es im hellen Glanz der venezianischen Sonne — immer noch mit dem abgenutzten weißen Farbanstrich, aber jetzt mit einem blauen und grünen Schornstein. Eine halbe Stunde später glitt ein Wassertaxi geschmeidig durch den Hafen auf unser Schiff zu. Ich konnte das frisch aufgemalte YWAM-Emblem am Schornstein erkennen. Wir fuhren um das Heck, um längsseits des Landungsstegs anzuhalten. Der alte Name war mehrmals übermalt worden, und es war nun auf dem Heck in schwarzen Buchstaben der Name *Anastasis* zu erkennen.

Als ich an Bord ging, begrüßten mich Don und seine freiwilligen Helfer — von denen die meisten recht jung waren — sehr herzlich. Ich hatte gezögert, an Bord zu kommen, bis wir wußten, daß es kein Zurück gab, denn ich war fest entschlossen, mich nicht durch ein bloßes Werkzeug für das Reich Gottes über Gebühr vereinnahmen zu lassen. Aber nun war ich froh, hier zu sein und das 160 Meter lange Schiff zu besichtigen, mit seinen großen Speisesälen, dem vorderen Gesellschaftsraum, einer kleinen Krankenabteilung und fünf Frachträumen. Ich konnte erkennen, daß junge Freiwillige geschrubbt, große Flächen mit Sandpapier abgerieben, repariert und gestrichen hatten. 25 junge Leute hatten drei Wochen gebraucht, um allein die Schiffsküche zu reinigen, sagte Don.

Es kamen nun andere Leiter an Bord. Sechzig YWAMer versammelten sich auf dem Promenadendeck, wo die Passagiere einst während langen Seereisen Sonnenbäder genommen hatten. Don begann darüber zu berichten, wie kompliziert es sei, das Schiff nach Athen abzuschleppen und es zur Inbetriebnahme vorzubereiten. Wir beteten über diese Schwierigkeiten und achteten dabei darauf, die richtige Perspektive zu wahren, indem wir uns sowohl die ursprüngliche Schau ins Gedächtnis zurückriefen, wie auch die Möglichkeiten für ein Schiff ins

Auge faßten, das als ein Werkzeug zur Evangelisation und zum Hilfsdienst eingesetzt wird. Das war nötig, damit uns diese Schau durch die langen, schweren Monate hindurchzutragen vermochte, die vor uns lagen.

Der Besuch auf der *Anastasis* war vorbei. Als unser Motorboot sich entfernte, schienen wir alle ein neues Verständnis von Gottes Verlangen gewonnen zu haben, sein Volk in einem Hilfsdienst der Barmherzigkeit tätig zu sehen. Es war für mich eine Freude, daß der nächste Schritt, der YWAM zum Helfer in diesen Nöten der Menschen machen sollte, von einem Vertreter einer neuen Generation der YWAMer eingeleitet wurde, dem 27jährigen Sohn von Jim und Joy Dawson.

„Loren", sagte John Dawson in den Vereinigten Staaten zu mir, „Gott hat zu mir geredet...und ich glaube, seine Botschaft gilt uns allen in YWAM."

Ich schenkte ihm sogleich meine volle Aufmerksamkeit. Dieser junge Mann hatte durch seine Familie viele Erfahrungen gesammelt, Gottes Stimme zu hören. John fuhr fort und erzählte, wie er vor kurzem einen Artikel im *Time* Magazin über Flüchtlinge aus Vietnam gelesen hatte.

„Loren", sagte John, „diese Leute in den Booten zahlen ungeheure Summen für undichte, winzige Boote, um aus Vietnam zu fliehen. Dann werden sie beraubt und erschossen oder man läßt sie einfach auf dem Wasser treiben." Niemand wollte diesen Menschen helfen. Er beschrieb das Elend in den überfüllten Flüchtlingslagern in den Nachbarländern. „Loren, ich kann den Titel dieses Artikels einfach nicht vergessen. Dies ist die Frage, die die Welt an den Leib Christi stellt. Das müssen auch Gottes Gedanken über diese Menschen sein: 'Kümmert das denn niemand?'"

Johns Aufforderung begann mich zu verfolgen. Sollte dies der Anfang der Hilfsmission sein, die mir seit dem Wirbelsturm Cleo vor fünfzehn Jahren vor Augen stand?

Ich beschloß, mir selbst einen Einblick zu verschaffen. Ich fuhr mit einigen anderen Leitern von YWAM nach Hongkong und dann nach Thailand. Das erste Flüchtlingslager, das wir besichtigten, war in Hongkong. Kein Zeitungsartikel konnte unsere Augen und Ohren — und Nasen — genügend auf das entsetzliche Bild vorbereiten, das sich uns im Camp Jubilee bot.

Zuerst kam der Geruch. Der üble braune Geruch von Fäkalien schlug uns entgegen, schon bevor wir den Ort betraten. Als wir durch den Haupteingang einen Korridor betraten, fanden wir die Ursache. Das untere Stockwerk des Gebäudes war 20 cm tief mit Kot bedeckt. Wir machten — so gut es möglich war — einen großen Bogen darum, während die Lagerbeamten auf einige zerbrochene Abflußrohre an den Seitenwänden zeigten. Es war nicht genug Geld vorhanden, um Installateure aus der Stadt kommen zu lassen, und es war niemand da, der befähigt oder willens war, den katastrophalen Schmutz zu beseitigen.

Camp Jubilee hatte früher als Polizeikaserne gedient und hatte ein Fassungsvermögen für 900 Leute. Nun waren in der für unbrauchbar erklärten Anlage 8.000 Menschen untergebracht. Es gab einfach keinen anderen Ort, um die vielen Flüchtlinge unterzubringen. Jeder Raum hatte Stockbetten, die von einer Wand zur anderen reichten. Es waren jeweils drei Betten übereinander gestellt, und mehrere Familien wohnten auf jeder Etage. Eine Familie konnte zwei Stockbetten einnehmen: nicht nur zum Schlafen, sondern für alle Beschäftigungen einschließlich des Kochens. Die Lagerärzte, die völlig überarbeitet waren, berichteten, wie sie jeden Tag die Verletzungen kleiner Kinder behandeln mußten, die im Schlaf aus den hohen Stockbetten gefallen waren.

Es gingen mir sogleich allerlei Gedanken durch den Sinn. Mußten wir länger warten? Wir könnten schon vor Inbetriebnahme der *Anastasis* Arbeiter hierherbringen.

Wir könnten Reinigungsarbeiten durchführen, bei der Krankenpflege helfen und gleichzeitig hätten wir Gelegenheit, diesen Menschen die Botschaft von Jesus Christus zu verkünden — daß er ihr Leid sah und ihnen helfen wollte. Wir würden mit der einen Hand seine Liebe vermitteln können und mit der anderen seine Wahrheit.

Die Anteilnahme und seltsame Erregung, die wir in Hongkong fühlten, spürten wir auch in Thailand. Ich sah, wie eine Hmong-Mutter uns den zum Skelett abgemagerten Körper eines Kleinkindes entgegenhielt, dessen Kopf nach hinten hing. Es war schon jede Hilfe zu spät. Ich fühlte, wie sich mein Magen verkrampfte, als ich das Röcheln aus der winzigen Kehle hörte; meine Augen füllten sich mit Tränen, als es zitternd seinen letzten Atemzug tat und seine Mutter den leblosen Körper umklammert hielt. *Wo*? schrie ich innerlich, *Wo ist die Gemeinde Jesu?*

Einige Augenblicke später sah ich einem jugendlichen Khmer-Rouge-Soldaten in die Augen. Er könnte einer von jenen Soldaten gewesen sein, die Kleinkinder in die Luft geworfen und mit dem Bajonett aufgefangen hatten. Die Augen des jungen Mannes waren ausdruckslose, weit offene Höhlen, die in die Hölle starrten. Aber Jesus war auch für diesen Mann gestorben. Mit Hilfe eines Übersetzers sprach ich zu 1.200 dieser Soldaten in jenem Lager. Viele hörten unserem Bericht von Gottes Liebe, Vergebung und seinem Aufruf zur Buße aufmerksam zu. Zwei Dutzend Männer kamen zu mir, um zu beten, und sie gingen dabei kein geringes Risiko für ihre eigene Sicherheit ein.

Als ich nach Kona zurückkehrte, fühlte ich eine schwere Bürde, aber gleichzeitig auch eine große Freude und Erfüllung. Endlich schien sich der Kreis zu schließen. Die lang erwarteten Zwillinge der Guten Nachricht — die sich vertiefende Liebe für Gott und die sich vertiefende Liebe für unseren Nächsten — erblickten endlich auch bei uns das Licht der Welt.

Innerhalb weniger Wochen gingen junge Leute von YWAM in Flüchtlingslager. Gary Stephens (Dons jüngerer Bruder) führte eine Gruppe von dreißig jungen Leuten nach Camp Jubilee. Sie taten, was selbst die Flüchtlinge nicht bereit gewesen waren zu tun: mit Schaufeln beseitigten sie die Fäkalien und reparierten die Abflußrohre und Toiletten. Gary teilte uns in einem Bericht mit, wie sehr die Flüchtlinge staunten, daß hier junge Leute waren, die ihre eigene Reise bezahlten, um eine Arbeit zu verrichten, die sonst niemand tun wollte. Die jungen YWAMer hatten ihre Aufmerksamkeit erregt. Immer wieder erhielten sie die Gelegenheiten, auf die sie gehofft hatten: sie wurden gefragt, warum sie gekommen seien.

Bald erhielt die Gruppe von den Lagerbeamten die Erlaubnis, eine Schule zu eröffnen, Bibelunterricht zu geben und seelsorgerliche Beratung anzubieten.

Dann geschah etwas Erstaunliches. Es schien, als habe Gott auf diesen besonderen Gehorsam gewartet, um seine Vorratskammern öffnen zu können. Als sich die Nachricht über unsere Hilfsdienste in den Flüchtlingslagern verbreitete, strömten junge Menschen zu uns, um mit uns zu arbeiten. Es war, als hätten wir eine Tür geöffnet, gegen die Hunderte von jungen Männern und Frauen wartend gedrückt hatten. Es kamen auch viele beruflich erfahrene Leute — Ärzte, Krankenschwestern und technische Spezialisten, wie auch andere, die bereit waren, im Dienst an den Kranken mitzuhelfen oder junge Flüchtlinge zu unterrichten. Es ergaben sich bald Dutzende von Gelegenheiten, um durch berufliche Ausbildung, Heimarbeit, Verteilung von Kleidung und Nahrungsmitteln, Englischunterricht und kulturelle Neuorientierung denen zu helfen, die sich auf das Leben in einer neuen Welt vorbereiteten. Und bei all dem verbreiteten wir sowohl durch unser Handeln wie auch durch unsere Worte die Botschaft des Evangeliums und konnten Menschen zu ihrem himmlischen Vater führen.

Gottes Segen war auch an anderen Orten zu spüren. Kalafi war in seinem neu zurückgewonnenen Dienst erfolgreich. Das alte Feuer brannte wieder in ihm, verbunden mit einer neuen Sanftheit, die er nach seinem Fall gewonnen hatte. Er hatte in Honolulu, Singapur und Djakarta Schulen gegründet, um junge Evangelisten auszubilden. Es trafen Meldungen ein, daß Hunderte Jesus Christus als ihren Heiland annahmen und Menschen geheilt wurden: ein taubes Mädchen in Malaysia konnte plötzlich hören, ein alter verkrüppelter Moslem in Indonesien begann zu laufen und zu hüpfen, nachdem Kalafi für ihn gebetet hatte, und es erreichten uns Meldungen von neuen christlichen Gemeinschaften, die in unerreichten Dörfern gegründet worden waren. Wir waren von diesen Berichten begeistert, denn sie zeigten Kalafis völlige Wiederherstellung.

Es schien, daß Gott uns nun mit seinen Segnungen überhäufte. Es erging uns ähnlich wie Jim und Jannie. Sie hatten 11 Jahre gewartet, bis ihre Zwillinge geboren wurden. Nun hatten sie noch einen dritten Jungen bekommen — ein zusätzliches, besonderes Geschenk.

Und so geschah es auch bei YWAM; Gott schenkte uns in der ganzen Welt immer neue Aufgaben und multiplizierte so unser Engagement.

Einer der Leiter, Al Akimoff, schickte 1980 zweitausend junge Leute in die Sowjetunion, um das Evangelium zu verkünden. Ein anderer junger Mann, Floyd McClung, zog mit seiner Familie in das Prostituiertenviertel in Amsterdam, um dort für Gott zu wirken. Andere Männer übernahmen Aufgaben in verschiedenen Bereichen der Welt: in Afrika, in Nord- und Südamerika. Das Multiplikationsprinzip trat ebenfalls in Aktion: YWAMer in Brasilien berichteten, daß junge Leute, aus unserer Evangelisationsschule nun selbst in neue Gebiete vordrangen und den Amazonas hinauffuhren, um entlegenen Indianerstämmen das Evangelium zu bringen.

Und wie stand es mit Darlenes und meiner Arbeit? Wie wir vorausgesehen hatten, als wir nach Hawaii zogen, richtete sich unsere Aufmerksamkeit nun auf Asien. Wir besuchten die Gruppen dort, nahmen an der Evangelisationsarbeit teil und halfen bei der Ausbildung unserer wachsenden Familie von nunmehr 1.800 vollzeitigen Mitarbeitern. Ich trug noch immer die Verantwortung in unserem Heimatzentrum in Kona und war fest davon überzeugt, daß Gott das Werden der Universität am Herzen lag. Aber anstatt auf ein Universitätsgelände und -gebäude zu warten, begannen wir einfach mit dem, *was wir hatten.* Die Gebäude waren immerhin nur Werkzeuge.

Und so nahm die Pacific and Asia Christian University ihren Anfang. Wir mieteten hier einen Raum, dort einen Versammlungssaal, woanders eine Wohnung und begannen zu unterrichten.

In der Zwischenzeit war unser anderer Zwilling immer noch sehr lebendig, wie ich bald entdecken sollte.

KAPITEL 19

Eine Fischgeschichte

Auf der anderen Seite der Erdhalbkugel waren mein Freund Don Stephens und seine Mannschaft von 175 Besatzungsmitgliedern und Studenten damit beschäftigt, die *Anastasis* neu seetüchtig zu machen. Don rief mich Anfang 1981 von Athen aus an. Ich saß auf der Lanai unserer Wohnung bei der Schule und blickte durch die Kokospalmen zur blauen Meeresbucht hinunter. Ich konnte mir Don in Athen vorstellen, wie er von irgendeiner Telefonzelle aus anrief. Er gab mir einen kurzen Bericht über die Arbeit seiner Leute.

„Sie sind wirklich Helden", sagte Don, wie immer stolz auf seine Mannschaft. Seine jungen Männer und Frauen hatten sich mühsam einen Zugang zum übelriechenden Kielraum verschafft, um ihn zu reinigen. Sie schrubbten, scheuerten, polierten und strichen ihn an. Und sie taten dies alles mit so geringen finanziellen Mitteln, daß sie für den Generator, der das Schiff mit Strom versorgte, immer nur Öl für ein paar Stunden Elektrizität kaufen konnten. Ihre Nahrung bestand vor allem aus Erdnußbutter, Reis und Bohnen. Die Hafenverwaltung in Athen erlaubte es ihnen nicht, an Bord zu wohnen, und so wohnten sie in einem alten Hotel, das während eines kürzlich geschehenen Erdbebens beschädigt worden war. Aber ähnlich wie wir uns in Hawaii entschlossen hatten, nicht auf ein *Werkzeug* zu warten (die Gebäude und das Gelände), um Gottes Ruf zu folgen und mit der Universität zu beginnen, so hatten auch Don und seine Gruppe in Athen sich entschlossen, nicht auf ihr Werkzeug (das

Schiff) zu warten, um Gottes Ruf zum Missionsdienst Folge zu leisten. Bei jeder Gelegenheit ging seine Gruppe hinaus, um den Griechen zu helfen, die an den Folgen des Erdbebens litten. Sie waren auch jeden Tag damit beschäftigt, das Evangelium dort, wo sie gerade waren, hinaus auf die Straßen zu tragen.

Ich war sehr zufrieden. „Don", sagte ich, „wir verstehen langsam, nicht wahr? Gott will, daß wir unsere Aufmerksamkeit auf seine Berufung und nicht auf seine Werkzeuge richten."

Alle Mitarbeiter und Freiwilligen von YWAM trugen zur Finanzierung des Schiffes selbst bei, die Jugendlichen unter Don und Deyons Leitung waren aber auch weiterhin für ihren eigenen Unterhalt verantwortlich. Sie sandten gewöhnlich regelmäßige Informationsbriefe an ihre Verwandten und Bekannten zu Hause, in denen sie jedoch nicht um Geld bettelten. Oftmals erhielten sie ihre finanzielle Unterstützung auf geheimnisvolle Weise. Die Jugendlichen schrieben an eine bestimmte Person und bekamen von jemand ganz anderem einen ermutigenden Brief zurück — oft von jemandem, von dem sie nie gehört hatten. Sehr oft trafen auch Spenden aus völlig unerwarteten Quellen ein.

Je näher die *Anastasis* ihrer Fertigstellung kam, desto öfter bestand Don darauf, sich auf die geistigen Grundlagen zurückzubesinnen. Warum krochen die jungen Leute zwischen den Schiffsplanken umher, um sie zu reinigen? Weil sie Evangelisten waren. Sie baten Gott bereits um eine große Ernte, um tausend und abertausend Menschen, die in sein Reich kommen sollten, und Tausende mehr, denen durch Hilfsaktionen geholfen werden könnte. Während der Vorbereitung auf diese Aufgaben begann Don sich stark für die Verbindung zwischen Gebet und Fasten einerseits und Gottes Führung zu einer guten Ernte andererseits zu interessieren. Jesus selbst begann seinen äußerst fruchtbaren Dienst nach einer Fastenzeit in der Wüste. Vielleicht sollte die Mannschaft auf dem Schiff das gleiche tun!

Und so begannen Don und Deyon und die 175 Mannschaftsmitglieder eine 40tägige Fastenzeit, indem sie sich der Reihe nach abwechselten, so daß zu allen Zeiten bestimmte Leute die geistliche Arbeit des Betens und Fastens übernahmen. Ich war von dieser Idee fasziniert, denn ich erinnerte mich an die gleiche Art des Fastens und Betens im Hause der Dawsons in Neuseeland, unmittelbar vor der Freisetzung einer beträchtlichen Zahl von jungen YWAMern.

Die 40tägige geistliche Übung in Athen war fast abgelaufen. Eines Tages klingelte das Telefon. Es war Don.

„Loren, bist du gefaßt?"

„Gefaßt?" Ich konnte an der Leichtigkeit in Dons Stimme erkennen, daß es eine gute Nachricht war.

„Hör gut zu, mein lieber Freund", sagte Don. „Sobald wir erkannten, was geschah, haben wir alles ganz genau aufgeschrieben, und die folgenden Zahlen sind nicht im geringsten übertrieben. Hör dir das an ..." Und dann erzählte Don, was geschah, als die Besatzung fastete und betete, um eine reiche Ernte zu erhalten.

Eines der Besatzungsmitglieder des Schiffes ging in der Nähe des Hotels, in dem sie wohnten, am Strand spazieren. Plötzlich sah er 12 Fische mittlerer Größe über die Steine in eine seichte Pfütze springen, die direkt zu seinen Füßen war. Er fing sie und rannte zum Hotel, um sie den anderen zu zeigen. Der Fang war groß genug, daß einige der Mitarbeiter an jenem Abend zu ihrem Reis gebratenen Fisch essen konnten. Einige Tage später sprang ein großer Thunfisch aus dem Meer an den Strand. Dieses Mal konnten noch mehr YWAMer ihr Abendessen mit einer Portion Fisch ergänzen.

Wieder einige Tage später saß eine unserer jungen

Mitarbeiterinnen aus Dallas, Texas, auf den Felsen am Meer und hielt ihre „Stille Zeit". Plötzlich begannen Fische aus dem Wasser zu springen. Sie schrie laut auf. Ansässige griechische Familien sahen, was geschah und rannten, um die Fische ebenfalls einzufangen. Das Mädchen, Becky, sammelte 210 Fische ein, und die griechischen Familien nahmen zwei oder dreimal soviele mit nach Hause.

Aber die größte Fischgeschichte kam erst noch.

„Letzten Dienstag, Loren, begannen die Fische um acht Uhr morgens wieder zu springen!" Don und Deyon und die anderen rannten schreiend zum Meer hinunter. Sie konnten auf einer Strecke von 140 Metern am Strand entlang beobachten, wie die Fische an Land sprangen. Sie rannten zum Hotel zurück und ergriffen jedes Gefäß, das sie finden konnten — Plastikeimer, Spülschüsseln, große Tüten. „Unsere Mannschaft sammelte 40 Minuten lang so schnell sie konnte die Fische ein", sagte Don. Was veranlaßte die Fische dazu, an den Strand zu springen? Niemand wußte es. Ihre griechischen Freunde hatten noch nie etwas Ähnliches gesehen. Sie sagten: „Gott ist mit diesen Menschen."

Als der große Fischfang vorüber war, zählten sie, was sie auf diese ungewöhnliche Weise gefangen hatten. „Loren, du wirst nicht glauben, wieviele Fische es waren!" sagte Don. „Wir zählten 8.301 Fische — über eine Tonne, Loren! Du kannst dir vorstellen, wie wir direkt dort am Strand standen und Gott priesen. Diese Ermutigung hatten wir gebraucht, und sie bestärkte unseren Glauben, daß der Dienst auf der *Anastasis* wirklich fruchtbar sein wird."

Ebenso unmittelbar, wie die Fische an Land zu springen begannen und eine reiche Ernte für den Hilfsdienst der *Anastasis* ankündigten, so traf auch das Geld für die Reparaturarbeiten ein, die auf der Werft durchgeführt wurden. Es trafen von überall in der Welt Spenden ein. Hunderttausende von weiteren Dollars wurden von Jugendlichen von YWAM selbst aufopfernd gespendet und viele andere christliche Gruppen beteiligten sich ebenfalls.

Es bestand kein Zweifel mehr. Der Schiffsdienst stand kurz vor der Geburt.

Und wie stand es mit der Universität? Wir hatten zwar eine langfristige Finanzierung erhalten, aber ein gelegentlicher Beobachter hätte das alte Grundstück des Pacific Empress Hotels kaum als eine Universität bezeichnet. Wir fuhren dennoch fort, weiter zu planen. Wir trauten uns nicht zu warten, teilweise aufgrund eines Wortes, das uns ein Freund, ein Frauenarzt, gegeben hatte. Er machte uns während einer unserer Gebetszeiten darauf aufmerksam, daß bei der Geburt von Zwillingen der Gebärvorgang als ein einziger betrachtet werden müsse. Wenn ein Zwilling geboren wird, muß der andere sehr rasch darauf folgen, oder das Leben der Mutter und des zweiten Zwillings ist gefährdet. Er wiederholte immer wieder: wir *müssen* uns bemühen, daß der zweite Zwilling, PACU, bald geboren wird, sonst würde die Mutter — YWAM — und der zweite Zwilling sterben.

Dieses Wort ermutigte uns, unsere Pläne mit oder ohne Gebäude und Gelände weiterhin zu verfolgen. Unsere kleinen Anfänge standen wiederum in der Tradition großer Universitäten. Die Universität Oxford zum Beispiel war jahrelang eine unscheinbare Ansammlung von Lehrern und Studenten gewesen, die sich jeweils in den Gebäuden versammelten, die sie gerade finden konnten. In Kona begannen sich bereits einige Abteilungen zu bilden, wie etwa für biblische Seelsorge und Psychologie, paramedizinische Ausbildung und Vorschulerziehung, Naturwissenschaften, Technologiekurse, die besonders auf die Dritte Welt ausgerichtet waren, sowie auch Schulen für biblische Studien, Missiologie und Gemeindearbeit. Diese in der Entwicklung begriffenen Akademien waren entlang der Küste von Kona verteilt, in Räumlichkeiten, die uns gerade zur Verfügung standen.

Die beiden Dienste folgten einander nun eng auf den Fersen. Die Nachricht von dem Erstgeborenen war gut. Die ersten Fahrversuche der *Anastasis* in Athen waren reibungslos verlaufen. Das Schiff wurde unter der Flagge von Malta registriert.

Der große Tag kam endlich heran.

Die *Anastasis* holte die Anker ein und fuhr am 7. Juli 1982 von Griechenland ab. War es ein Zufall, daß dies der Geburtstag der Zwillinge von Jim und Jannie war?

Das Schiff war auf dem Weg nach Kalifornien.

Darlene und ich, Karen und David, die nun vierzehn und elf Jahre alt waren, waren zu den Empfangsfeierlichkeiten für die *Anastasis* nach Los Angeles gekommen. Es war dies ein ganz besonderer Anlaß. Das Schiff fuhr in den Hafen derselben Stadt ein, in der YWAM gegründet worden war.

Ich dachte daran, wieviel in den 22 Jahren geschehen war, seit wir in einem Schlafzimmer, das in ein Büro verwandelt worden war, mit einem Traum begonnen hatten. Es war ein holpriger Anfang gewesen. Aber es hatte sich so vieles verwirklicht. Ich mußte lächeln, als ich an ein kürzliches Zusammentreffen mit Thomas Zimmerman, meinem früheren Vorgesetzten bei den Assemblies of God, dachte. Ich sagte ihm, wie sehr ich ihn liebe und schätze und dankte ihm für die Rolle, die er zu einer entscheidenden Zeit in meinem Leben gespielt hatte. Ohne sich dessen vielleicht bewußt zu sein, hatte er mir geholfen, die Schau, die Gott mir gegeben hatte, zu festigen, nämlich, daß Wellen junger Menschen aus *allen* Konfessionen, nicht nur meiner eigenen, mit YWAM auf das Missionsfeld hinausgehen sollten. Bevor wir uns trennten, kamen wir überein, daß es gut wäre, wenn er bald zu unserer Schule in Kona käme, um zu den Studenten dort zu sprechen. Ich schüttelte ihm die Hand und sagte: „Danke, Bruder Zimmerman ..." Er war wirklich ein wertvoller Bruder.

Nun stand ich in der Menschenmenge von 2.000 Leuten — aus allen möglichen Gemeinden und Konfessionen — die zum Liegeplatz 51 im Hafen von Los Angeles gekommen waren, um bei der Ankunft des Schiffes dabei zu sein. Es war seltsam, daß ich fast wie einer der Zuschauer dabeistand. Don hatte diese Schau, die ich 18 Jahre zuvor erhalten hatte, mit großem Einsatz Wirklichkeit werden lassen. Dies war genau das, was ich mir unter Multiplikation vorstelle.

Melody Green, die Witwe des bekannten Sängers Keith Green, der erst kürzlich bei einem Flugzeugunglück ums Leben gekommen war, sprach von unserer fahrbaren Bühne aus von Keith's großem Wunsch, die *Anastasis* wirklich für den Missionsdienst im Einsatz zu sehen. Dann wurde über die Lautsprecher ein Lied von Keith gespielt; während seine Stimme laut über dem Liegeplatz 51 erklang, kam unser riesiges weißes Schiff in Sicht und fuhr langsam in den Hafen ein. Die Menschenmenge stimmte mit Keith in eine alte Hymne ein:

„Heilig, Heilig, Heilig,
Herr, allmächtiger Gott!"

Ich blickte mich um. Überall lächelten, jubelten oder weinten die Menschen, während sie zum Herrn sangen. Ich stieß Darlene leise an.

„Welch ein Unterschied", flüsterte ich.

„Unterschied?"

„Zwischen dieser Szene, wo wir Gott preisen, und der schrecklichen Vision von vor neun Jahren, als ich sah, wie unsere Leiter aufgeregt über ein Schiff jubelten, aber Jesus im Schatten nicht beachteten."

„Du hast recht", sagte Darlene. Sie nahm meine Hand. „Darin besteht der eigentliche Zweck, Gottes Stimme zu hören: Ihn besser kennenzulernen!"

KAPITEL 20

Ihn besser kennenlernen

Es war Frühling, und wir waren in Kona. Seit Wochen waren Bulldozer über das Grundstück gerollt (zum äußersten Entzücken Davids, der jetzt zwölf war), hatten Felsblöcke herausgebrochen und Bauplätze für die ersten Bauten der Pacific and Asia Christian University geebnet.

Es war viel geschehen während der acht Monate seit dem offiziellen Empfang am Liegeplatz 51 in Los Angeles. Die *Anastasis* war bereits in den Süd-Pazifik gefahren, um Menschen in Not zu helfen.

Die Multiplikation war in vollem Gang. Jeder unserer YWAM-Missionare war ebenfalls ein möglicher Multiplikator. Viele Männer wie Jim Rogers, Leland Paris, Floyd McClung, Don Stephens und Kalafi Moala leiteten eigene Arbeiten innerhalb von YWAM. Ich empfand darüber große Befriedigung. Gott hatte die Schau durch Tausende von jungen Leuten vervielfacht. Ich hatte im Verlauf der Ereignisse langsam gelernt, seine Stimme zu hören, und lernte noch langsamer, seiner Stimme zu gehorchen. Wenn nun jeder dieser neuen Missionare das gleiche tun würde und unsere anfänglichen Fehler und Erfolge als Sprungbrett benützte, welche Kraft könnte dann freigesetzt werden!

Welche Kraft wurde *bereits* freigesetzt! Im Mai 1983 versammelten sich unsere Hauptleiter aus der ganzen Welt zu unserer jährlichen Planungskonferenz in Kona. In einem Raum saßen einige meiner engsten Freunde und Weggenossen zusammen. Sie erzählten der Reihe nach, was Gott in ihrem Leben getan hatte. Wir erfuhren, daß ...

● Bei unserem gegenwärtigen Zuwachs YWAM bald in den meisten der 223 Länder der Erde gewirkt haben würde.

● 1984 mindestens 15.000 kurzfristig dienende Freiwillige ausgesandt wurden.

● Etwa 3.500 vollzeitige Mitarbeiter zur Verfügung stehen, von denen ein Viertel aus der Dritten Welt stammt.

● 1983 über 100 ständige Stützpunkte und 70 Schulen in 40 Ländern stationiert waren.

● Ein Schiff voll mit Versorgungsgütern in Gebiete fahren kann, wo eine besondere Not herrscht. Neben diesem Hilfsdienst mit dem Schiff wird in 12 Ländern auf fünf Erdteilen Kriegsopfern und Armen Hilfe geleistet.

● Allein in Thailand YWAMer täglich 700 Flüchtlingskinder unterrichteten.

● 1983 Jahr 30.000 Flüchtlinge neue Kleidung erhielten.

● YWAMer in Hollywood jeden Monat 2.000 Telefonanrufe von Jugendlichen entgegennehmen, die von zu Hause weggelaufen sind und von denen viele Prostituierte im Teenageralter sind.

Wir erfuhren, daß unsere jungen Missionare in entlegene Königreiche im Himalaya gingen...den Amazonasstrom hinauffuhren...mit Punk-Rockern in Japan sprachen...auf den Straßen Frankreichs Kurzdramen vorführten...Obdachlose in Hongkong besuchten...an Hunger leidenden afrikanischen Stämmen halfen...im Libanon medizinische Hilfe leisteten...und in vielen Städten Mexikos Bibeln in die Häuser brachten.

Während meine Freunde berichteten, was ihre Einsatzgruppen in ihrem jeweiligen Gebiet taten, fühlte ich eine Freude wie in Wellen in mir aufsteigen. Ich dachte an meine erste Reise als junger Mann nach Afrika, als ich der erste Missionar war, der zu jenem zähen Stammeshäuptling über den Großen Gott sprach, der uns alle geschaffen hat. Ich dachte jedoch auch daran, wie ich dort bei meinem Abflug aus der Luft die Rauchsäulen von tausend Feuern gesehen hatte. Ich erinnerte mich, wie überwältigt ich von dem Ausmaß des Auftrags war: *Geht hin in alle Welt und predigt das Evangelium der ganzen Schöpfung.* Aber der Rauch afrikanischer Dörfer verblaßt neben den Menschenansammlungen Asiens, wo in mancher Hochhaussiedlung 40.000 Menschen wohnen, wo 60 Prozent der Erdbevölkerung lebt und noch kaum jemand von Jesus Christus gehört hat!

Wir senden 15.000 junge Leute im Jahr aus, aber sie sind nur ein Bruchteil dessen, was nötig wäre. Wenn jeder von ihnen 100 Menschen erreicht, so sind dies nur eineinhalb Millionen von vier, bald fünf Milliarden Menschen auf der Erde! Es gibt immer noch sehr wenige Arbeiter für Gott, sehr wenige. Nur Gott ist mächtig genug, um die Vision von den Wellen zu erfüllen und zu bewirken, daß jeder Mensch auf der Erde eine persönliche Botschaft seiner Liebe für ihn erhält.

Am letzten Abend der Konferenz gingen wir alle hinaus, um das Universitätsgelände Gott zu weihen. Wir kletterten über den aufgegrabenen Erdboden, der von den Bulldozern nur grob eingeebnet worden war.

Wir versammelten uns in einem Kreis um die Stelle, wo der Platz der Nationen sein sollte. Die Sonne ging am Horizont über dem blauen Pazifik unter. Ich betrachtete die Flaggen von einigen Ländern, in denen wir tätig waren. Während sie im Wind gegen den sich verdunkelnden kobaltblauen Himmel flatterten, konnte ich wieder die Wellen junger Leute sehen, die hinausgehen. Ich hatte ursprünglich von tausend Leuten geträumt? Ich konnte mir nun vorstellen, wie Hunderttausend hinausgingen, bis jeder Kontinent mit Menschen übersät war, die ihnen die Zwillingsbotschaft des Evangeliums brachten: Gott mit ganzem Herzen zu lieben und den Nächsten wie sich selbst.

Es blieb nur noch ein Ereignis, und das sollte nur sieben Monate später stattfinden.

Es war Samstagmorgen, der 17. Dezember 1983. Während die Sonne über den Bergen von Hawaii aufging, fand das letzte entscheidende Ereignis unserer Geschichte statt.

Darlene und ich, Karen und David, meine und Darlenes Eltern standen mitten unter den zweitausend Menschen, die erwartungsvoll auf das Meer hinausblickten. Kleine Kinder saßen auf den Schultern ihrer Eltern. Dann erschien langsam ein weißes Schiff am Horizont. Einige begannen zu klatschen. Andere riefen — „Halleluja!" „Preis sei Gott!" Auslegerboote fuhren schnell hinaus auf das Meer, um das Schiff zu empfangen, während der Klang einer hawaiianischen Hymne über der Bucht erklang.

Vor zehn Jahren hatte der Herr uns auf eine überwältigende Art und Weise die Zukunft vorausgesagt, als Jugendliche hier auf den Inseln Hawaiis zusammen gebetet hatten und ein großes weißes Schiff in den Hafen einlaufen sahen. Wir wußten, obgleich dies aller Logik widersprach, daß dies unser Missionsschiff sein würde, das in den Hafen von Kona einfuhr.

Und hier war es nun.

Die *Anastasis*. Die Auferstehung.

Lege deine Träume auf den Altar: sie werden eines Tages als etwas noch Größeres auferweckt werden!

Wie ist es möglich, jemandem, der selbst nicht diese Erfahrung gemacht hat, die unaussprechliche Freude zu erklären, die man spürt, wenn man sieht, wie Gott mit fehlbaren Menschen arbeitet und sie zu etwas so Kostbarem führt? Es bestand nicht der geringste Zweifel für mich: was wir hier sahen — die Universität hinter uns und das Schiff vor uns — war ein Ausruf der Freude und des

Sieges unseres Herrn Jesus Christus selbst.

Wir hatten endlich die wichtigste aller Lektionen über die Führung Gottes gelernt. Es war genau das, was Darlene zuvor gesagt hatte, als sie meine Hand nahm und flüsterte:

„Darin besteht der eigentliche Zweck, Gottes Stimme zu hören, Loren: Ihn besser kennenzulernen."

Wie man Gottes Stimme hört

Wenn du Gott kennst, so hast du bereits seine Stimme gehört — sie ist die innere Führung, die dich zuerst zu ihm gebracht hat. Jesus versuchte immer, den Willen seines Vaters zu tun (Johannes 8, 26-29), und wir sollten das gleiche tun; die Stimme des himmlischen Vaters zu hören ist eine grundlegende Erfahrung für jedes Kind Gottes. Wir haben in diesem Buch versucht, einige der vielen Möglichkeiten zu beschreiben, diese Erfahrung zu verfeinern. Diese Entdeckungen sind unseren eigenen Abenteuern entsprungen und können auch für andere Christen hilfreich sein.

1. Gottes Führung sollte nicht zu einer komplizierten Angelegenheit werden. Es ist in Wirklichkeit schwer, Gottes Stimme *nicht* zu hören, wenn wir ihn wirklich erfreuen und gehorsam sein wollen. Er verspricht uns zu leiten, wenn wir demütig bleiben (siehe z. B. Sprüche 16,9).

Die folgenden drei einfachen Schritte haben uns geholfen, Gottes Stimme zu hören:

- UNTERORDNE dich seiner Herrschaft. Bitte ihn, dir zu helfen, deine eigenen Vorstellungen und Wünsche und die Meinungen anderer, die vielleicht deine Gedanken erfüllen, zum Schweigen zu bringen (2. Korinther 10,5). Obgleich er dir einen guten Verstand gegeben hat, den du gebrauchen sollst, so willst du jedoch jetzt die Gedanken des Herrn vernehmen, der den besten Verstand hat (Sprüche 3, 5-6).
- WIDERSTEHE dem Widersacher im Falle, daß er versucht, dich in diesem Moment in die Irre zu füh-

ren. Gebrauche die Autorität, die Jesus Christus dir verliehen hat, um die Stimme des Feindes zum Schweigen zu bringen (Jakobus 4,7; Epheser 6,10-20).

- ERWARTE eine Antwort. Nachdem du die Frage gestellt hast, die dir auf dem Herzen liegt, warte auf seine Antwort. Erwarte, daß dein liebender himmlischer Vater zu dir spricht. Er wird es tun (Johannes 10,27; Psalm 69,14; 2. Mose 33,11).

2. Erlaube Gott, in der *Weise* zu dir zu sprechen, wie er es will. Versuche nicht, ihm hinsichtlich der Methoden der Führung, die du bevorzugst, Vorschriften zu machen. Er ist der Herr — du bist sein Diener (1. Samuel 3,9). Höre mit einem hingegebenen Herzen auf seine Stimme; es besteht eine direkte Verbindung zwischen dem Hingegebensein und dem Hören seiner Stimme. Er kann unter anderem in folgender Weise zu dir sprechen:

Durch *sein Wort*: dies kann durch dein tägliches Bibelstudium geschehen, oder er kann deine Aufmerksamkeit auch auf einen bestimmten Vers lenken (Psalm 119, 105). Durch eine *hörbare Stimme* (2. Mose 3,4). Durch *Träume* (Matthäus 2) und *Visionen* (Jesaja 6,1; Offenbarung 1, 12-17). Aber die gebräuchlichste aller Arten ist wahrscheinlich die leise *innere Stimme* (Jesaja 30,21).

3. Bekenne alle noch nicht vergebenen Sünden. Ein reines Herz ist erforderlich, um die Stimme Gottes zu hören (Psalm 66,18).

4. Gebrauche das Prinzip des Eisens — ein Begriff, der nach der Geschichte in 2. Könige 6 geprägt wurde. Wenn du deinen Weg verloren zu haben scheinst, dann geh zurück zu dem letzten Zeitpunkt, wo du die scharfe Schneide der Stimme Gottes gehört hast. Und gehorche dann. Die entscheidende Frage lautet: *Warst du in der letzten Sache gehorsam, die Gott dir befohlen hat?*

5. Suche selbst die Führung Gottes für dich. Gott wird

andere Menschen gebrauchen, um deine Führung zu bestätigen, aber du sollst auch von ihm direkt hören. Es kann gefährlich sein, sich auf andere zu verlassen, um ein Wort vom Herrn zu erhalten (1. Könige 13).

6. Sprich nicht über deine Führung, bis Gott dir dazu die Erlaubnis gibt. Dies geschieht manchmal sofort; zu anderen Zeiten ergibt sich eine Verzögerung. Der Hauptgrund des Wartens ist, damit vier Irrtümer bei der Führung Gottes vermieden werden: (A) *Stolz*, weil Gott zu dir geredet hat; (B) *Anmaßung*, indem du redest, ehe du völliges Verständnis besitzt; (C) Verfehlen von Gottes *Zeitplan und Methode*; (D) andere in *Verwirrung* bringen; auch ihr Herz muß vorbereitet sein (Lukas 9,36; Prediger 3,7; Markus 5,19).

7. Wende das Prinzip der Weisen aus dem Morgenland an. Ebenso wie die Weisen einzeln dem Stern folgten und auf diese Weise alle zu demselben Christus geführt wurden, so kann Gott oft zwei oder mehrere geistlich empfängliche Menschen gebrauchen, um zu *bestätigen*, was er dir gezeigt hat (2. Korinther 13,1).

8. Nimm dich vor Fälschungen in acht. Hast du jemals von einem gefälschten Geldschein gehört? Ja, natürlich. Aber hast du jemals von einer gefälschten Papiertüte gehört? Nein. Der Grund dafür ist, daß es sich nur lohnt, die Dinge zu fälschen, die einen Wert besitzen.

Satan hat für alles, was von Gott kommt und was er nachahmen kann, eine Fälschung (Apostelgeschichte 8, 9-11; 2. Mose 7, 22). Irrige Führungen kommen zum Beispiel durch Figurenlesen, spiritistische Sitzungen, Wahrsagerei und Sterndeuterei zustande (3. Mose 20,6; 19,26; 2. Könige 21,6). Die Führung des Heiligen Geistes bringt uns näher zu Jesus und in wahre Freiheit. Satans Führung führt uns von Gott weg in die Unfreiheit.

Eine entscheidende Probe für eine von Gott herstammende Führung lautet: Folgt die Führung den Grundsätzen der Bibel? Der Heilige Geist widerspricht niemals dem

Wort Gottes.

9. Im Widerstand von Menschen liegt manchmal eine Führung von Gott (Apostelgeschichte 21,10-14). In unserer eigenen Geschichte erkannten wir viel später, daß die Hindernisse, die uns von unserer Kirchenleitung in den Weg gelegt wurden, tatsächlich Gottes Versuche waren, uns in einen breiteren Wirkungskreis für unseren Dienst zu führen. Der wichtige Punkt hier ist wiederum *Hingabe* an den Herrn (Daniel 6,6-23; Apostelgeschichte 4,18-21). Rebellion gegen Leiter ist niemals eine gottgefällige Haltung. Prüfe daher dein Herz und bitte Gott um Unterscheidungsvermögen, wenn du den Eindruck hast, daß er dich Wege führen will, die deine Leiter noch nicht verstehen.

10. Jeder Nachfolger Jesu hat einen besonderen Dienst (1. Korinther 12; 1. Petrus 4,10-11; Römer 12; Epheser 4). Je mehr du danach strebst, Gottes Stimme in den Einzelheiten zu hören, desto wirksamer wirst du in deiner eigenen Berufung sein. Die Führung Gottes ist kein Spiel — sie ist eine ernste Sache, denn wir erfahren, *was* wir nach Gottes Willen in unserem geistlichen Dienst tun sollen und *wie* wir es tun sollen. Der Wille Gottes besteht darin, das Richtige zu tun und zu sagen — am richtigen Ort, mit den richtigen Menschen, zur richtigen Zeit und in der richtigen Reihenfolge, unter der richtigen Leitung mit den richtigen Methoden und mit der richtigen Gesinnung.

11. Übe dich darin, Gottes Stimme zu hören, und es wird dir immer leichter fallen. Es ist ähnlich, wie wenn du den Telefonhörer abnimmst und die Stimme deines besten Freundes erkennst ... du kennst seine Stimme, weil du sie so oft gehört hast. Vergleiche den jungen Samuel mit dem älteren Samuel (1. Samuel 3,4-7; 8, 4-9; 12,12-18).

12. Die Beziehung zu Gott ist der wichtigste Grund, warum wir die Stimme des Herrn vernehmen. Gott ist nicht nur ein unendlicher, sondern auch ein persönlicher Gott. Wenn du nicht mit ihm sprichst, hast du auch keine

persönliche Beziehung zu ihm. Wahre Führung von Gott ist es, wie Darlene hervorhob, wenn wir dem Gott, der führt, dadurch näherkommen. Wir lernen den Herrn immer besser kennen, wenn er zu uns redet, und wenn wir auf ihn hören und ihm gehorchen, erfreuen wir sein Herz (2. Mose 33,11; Matthäus 7,24-27).

Weitere Informationen
über Jugend mit einer Mission können
erfragt werden bei:

Youth With A Mission — International
Pacific and Asia Christian University
Kailua-Kona, Hawaii 96740

Jugend mit einer Mission/Schweiz
CH-1010 Lausanne 25

Jugend mit einer Mission/Österreich
Postfach 13
A-2651 Reichenau-Rax

Jugend mit einer Mission/Deutschland
Schloßgasse 1
D-8931 Hurlach